행창 스님의
유라시아 대륙 자전거 횡단기

행창 스님의
유라시아 대륙 자전거 횡단기

행창 | 글·사진

민음사

| 차례 |

프롤로그   9

1. 서유럽에서의 첫 출발

자전거에 몸과 마음을 싣고   15
또 다른 나와의 이별 길, 떠남의 자유, 떠남과 만남이란 행위 – 여행 | 윤회의 굴레를 벗어나 – 여행지 | 여행의 내면적 본질을 추구하며 – 여행자

독 일 · 옷 한 벌에 대한 애착을 끊으며   20
대장정의 시작 | 엘베의 피렌체 – 소중한 인연을 찾아서 | 베를린에서 | 드레스덴을 향하여

2. 중부 유럽을 지나 남유럽까지

체코 · 미래로 흘러가는 내 마음속의 강   37
미래로 흐르는 강 | 따스한 사람들이 있는 아름다운 도시 | 고도 프라하 | 동화 속의 왕국

오스트리아 · 내 모습을 통해 나를 바라보다   49
도나우 강을 따라 | 한국 화가의 집 | 예술의 도시 빈

슬로바키아 · 따스한 마음은 떠남에서 나온다   58
옥빛 강물 | 수난의 역사 | 무지개가 걸린 국경 지대

헝가리 · 내 인생에서 의미 있는 한 부분   64
'친구네' | 변천하는 역사 | 빈 공간

루마니아 · 피해갈 수 없다면 새로운 계획을 세우자   71
피해갈 수 없는 길 | 집시와 견공

불가리아 · 선입견은 작은 문제를 일으킨다   78
혼동된 코리아 | 루트 변경

3. 흑해 연안의 국가를 통해

이스탄불 · 육체의 아픔은 더 이상 고통이 아니다   85
멀고 먼 이스탄불 | 역사의 현장 – 이스탄불

터키 · 약속된 만남을 향해 가는 인생길　93
우연한 만남 - 인연 | 은빛 세계 | 세계 7대 불가사의 | 성지 순례의 진정한 의미는……?

흑해 연안 · 순수함을 찾고 싶어 하는 방랑자　103
실크로드를 향해서 | 여행은 긴장감!

그루지야 · 따뜻한 마음은 헤어짐의 순간을 기쁘게 한다　107
어둠 속의 주행 | 어둠의 도시 트빌리시 | 자! 카스피 해를 향해

아제르바이잔 · 돈이 모든 행복의 대명사는 아니다　115
'석유 - 전쟁 - 난민' | 출국 거부! | 멀고 먼 중앙아시아

4. 중앙아시아에 접어들어

카스피 해 · 솔직한 대화는 인생을 풍요롭게 한다　127
드디어 출항!

카자흐스탄 · 갑작스러운 변화에서 찾는 안도감　130
아시아 대륙에의 첫발 | 오직 한 길……

우즈베키스탄 · 불편함은 부자연스러운 것　136
중앙아시아의 고려인들 | 고도 부하라 | 오아시스 민족의 결혼식

사마르칸트 · 아무것도 하지 않아도 변화는 계속된다　145
고도 사마르칸트에 입성 | 통일신라 사절단 | 길 떠난 자에겐…… | 타슈켄트 입성

키르기스스탄 · 여행에서 얻는 추억은 만남과 어려움　157
국경 포인터……? | 어여쁜 흑장미 | 겨울 속으로 흐르는 그리움 | 아리랑 카페
"중생아! 왜 그렇게 사니……." | 좋은 인연들 | 카자흐스탄으로 | 알마티로의 입성

5. 드디어 중국 대륙으로

신장웨이우얼자치구 · 짐을 다 내린 자전거는 새로운 느낌을 부른다　179
드디어 중국 입성 | 해발 제로 미터 지점 | 여행지에서의 에피소드 | 파미르 그녀와의 첫 대면 | 타클라마칸 사막 - '한 번 들어가면 못 나오는 곳' | 사막에서 만난 어여쁜 달마

간쑤성 · 주어진 길을 달릴 수밖에   198
신기루 현상 | 만리장성의 서쪽 끝 지점 | 인류의 어머니와 같은 강줄기 | 시황제 병마용항 박물관

허난성 · 결코 걸지 않은 인생에서 공존하는 생과 사   208
뤄양에 입성 | 소림사 | 불국토 룽먼 석굴

여정의 마무리 지점 · 새로운 여정을 구상하는 것만큼 즐거운 일은 없다   218
베이징을 향해 | 짜이지엔!

에필로그   226

작가 후기   227

이 작은 책자를
여정 길에서 **만난** 어여쁜 달마들에게 드린다.

 프롤로그

우리를 자유롭게 하는 것은 무엇인가? 그것은 스스로가 무명無明을 떨쳐버리고 윤회輪廻의 굴레 속으로부터 벗어남이리라! 이 길이 바로 진리 탐구의 길이라 생각된다. 어떤 길을 걷느냐는 각자 다르겠지만, 답을 찾아 떠나는 길道이라는 본질은 어디에서나 다 같으리라 믿는다. 그 자신이 그 길을 걷고자 하여 떠나는 사람이라면…….

길을 떠남이란 어떤 하나와의 이별을 뜻하는 동시에, 새로운 또 다른 하나와의 만남을 의미하는 게 아닐까? 우리들의 삶 속에서도, 떠남이라는 과정을 통해서 얻는 만남은 일생을 통해 거듭되는 행위들이다. 떠남과 만남이란 행위는 눈으로 바라볼 수 있는 현상으로 나타나는 행태적인 것과 눈에는 보이지 않지만 자기 자신만이 느끼는 내면적인 즉 내용적인 것으로 나눌 수 있다. 문제는 내 자신이 깨어 있어야만, 떠남과 만남을 내 삶의 한 부분으로 인식할 수 있다는 것이다.

내 자신을 깨어 있게 하는 것이 곧 길을 추구하는 자세이고, 그 방법의 하나가 여행이라 생각된다. 여행이란 한마디로 자기 자신을 위한 공간처리인 동시에, 끝없는 떠남과 한없는 만남이 계속되는 삶의 현장이다. 이러한 여행은 나에게 있어서 삶의 한 부분이자, 길을 걸어가는 수행의 한 방법론이기도 하다. 물론 삶이나 수행에는 여러 가지의 길과 방법이 있을 수 있다. 끝없는 공간의 이동이라는 여행을 통하지 않더라도 얼마든지 잘 살아갈 수도 있고, 또 훌륭한 수행도 할 수 있다. 그러나 내 자신이 아직도 감각의 육신을 가진 중생의 몸이기에 최대한 깨어 있을 수 있는 길을 찾다가, 여행이라는 내 체질에 맞는 수행의 방법을 선택한 것이다.

　인도에서 발생한 종교인 힌두교와 불교는 물론 요가나 자이나교 등의 고전들을 통해 보더라도, 수행의 방법론으로 만행과 유랑을 필수 덕목으로 꼽고 있음을 알 수 있다. 이것은 감각기관으로 이루어진 중생의 몸을 가진 수행자가 감각적 본능에 매이지 않는, 육체적 감각의 한계를 요구하는 만행이나 유랑 생활을 통해 늘 깨어 있으라는 가르침이라 여겨진다.

　공간 이동이라는 행태적인 여행을 통해, 현상적인 변화를 거듭하는 대자연의 모습과 인류가 창조한 역사와 문화를 바라보며, 내 자신을 통찰하는 작업인 자신과의 대화라는 여행의 내면적 본질을 추구하기 위함이다.

　이러한 떠남과 만남을 통한 자신과의 대화 속에서, 자신이라는 존재를 실체화시킬 수 있을 뿐더러 내 삶을 재해석할 수가 있다. 존재의 인식이란, 우선 자기 자신이란 존재의 인식을 통해 타他라는 존재의 인식을 형성할 수 있기 때문이다. 자신이라는 존재에 대한 정확한 인식이 없는 상태에서, 타他라는 개체에 대한 인식이란 도저히 이룰 수 없는 작업이다. 타他에게 있어서 나의 존재 역시 타他라는 하나의 개체이고, 자타自他라는 존재는 관계성 속에 존재하는 개체일 뿐이기에, 결국 일차적인 작업인 자아自我의 인식이 선행되어야 한다.

　일견 나의 여행이 상당히 형이상학적인 이론 형성을 위한 것 같으나, 실제로의 여행 그 자체는 아주 단순한 형태로 이루어진다. 내 자신이 단순성으로 점철된 공간, 즉 단순한 환경을 추구하기 때문이다. 이 단순성을 추구하는 작업은 '참선' 또는 '명상'이라 할 수 있다.

　때문에 여행 그 자체로의 여행이라는 방법은, 나의 삶에 있어서 아주 중요한 역할을 할 뿐만 아니라, 내 자신을 위한 수행이고 깨어 있는 마음과 나를 자유롭게 하는 방법이다. 그래서 나에게 있어서 여행이란, '본질적인 나의 삶 그 자체'라고 말할 수 있다. 이러한 맥락에서 "인생이란, 긴 구도의 여정과도 같다."라는 말은 나에게 꼭 맞는다. 특히 자전거로의 여행은 나를 찾아 달리는 최고의 참선이자, 내 자신의 내면과의 대화를 위한 최대의 수행 방법이다.

여행의 방법에는 여러 가지가 있을 수 있지만, 나는 이번 여행에도 지난해 여름철 중동(이스탄불에서 카이로까지) 횡단 때와 같이 자전거를 선택했다. 그러나 지난 중동 횡단 여행의 다섯 배가 넘는 거리를 1년여의 기간 동안 자전거로 돈다는 것은 쉬운 일이 아니다. 북해北海를 바라보는 북유럽 독일의 함부르크를 출발하여 동서 유럽을 달려, 중앙아시아를 가로지르는 실크로드를 통해 중국 대륙을 거쳐 한반도 서울까지, 무모하기 짝이 없는 대장정의 계획을 세운 것이다.

지난여름 중동 사막을 달리는 석 달 동안 인간 감각의 한계의 극極을 충분히 경험하고 돌아온 지, 정확히 반년 만에 또다시 떠나는 고행의 여정이다. 두 번 다시는 자전거로의 여행은 안 하리라고 굳세 다짐해 가면서, 하지만 이번만은 시작한 것인 만큼 끝내고 돌아가자고 내 자신을 채찍질하며 달렸던 끝도 안 보이던 길 속으로 다시 돌아가다니……. 아! 역시 나는 어쩔 수 없는 중생인가 보다! 그토록 힘든 여정에서 겨우 목숨만을 부지하고 돌아온 지 꼭 반년. 단순히 망각이라고 치부할 수 없는 무엇인가가 다시 길을 나서게 했다.

이번 여행을 오래전부터 계획해 왔거나 준비해 왔던 것도 아니다. 언젠가는 한번 동서양 역사 속에 자리했던 동서 교류의 길, 중앙아시아를 가로질러 유럽과 아시아를 연결했던 실크로드를 여행해야겠다는 생각은 있었다. 그러나 자전거로 유라시아 대륙을 횡단하는 여행은 아니었다.

오토바이로 인도 대륙 왕복 횡단, 시베리아 횡단 철도 여행, 동서 유럽 일주, 중국 대륙 일주, 자전거로 일본열도 여행과 중동 횡단 등 짧지 않은 여행 경험이 있다. 때문에 이번 여행은 한 달 남짓의 짧은 시간 동안에 계획하고 준비했지만, 내 자신에게는 달나라에 가는 것처럼 아주 새로운 일은 아니었다. 다르다면 여행(수행)을 위해 '1년'이라는 시간을 정한 것일 뿐.

그동안은 외국 유학 생활 15년을 합쳐 거의 20년 가까이 대학에 적을 두고 있었던 관계로, 방학 3개월만이 여행을 할 수 있는 최대한의 기간이었다. 그런 만큼, 여행만을 위한 1년은 20년간 꿈에도 그려왔던 시간인 것이다.

끝도 없이 흘러가는 세월 속에서 누구나가 번뇌 속에서 살아가듯이, 내 자신 역시 주변의 매임을 간단하게 끊지 못한 채, 대학과 학문이란 온실 속에서 허우적거리며 살아온 것 또한 사실이다. 대학에서 불교학을 연구하고는 있지만 수행도 그러하거니와 어떤 하나에 안주하면, 이 또한 출가자에 있어선 마약과 같은 것이 아닐 수 없다.

여행을 시작할 때 나는 2년간 함부르크 대학의 인도학 티베트학 연구소에서 연구원 생활을 끝마치고 인도印度로 돌아가려는 시점에 서 있었다. 떠나기에 앞서 오랜 유학 생활과 한 인간으로서 길지 않은 인생을, 또 진리의 길을 추구하는 출가자로서의 삶을 돌아볼 필요성을 강하게 느꼈다. 그래서 내 자신을 위한 1년간의 시간을 갖기로 마음먹은 것이다.

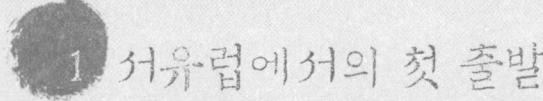 서유럽에서의 첫 출발

예정된 사실이 없는 여행에서,
나 자신이 자유로워지는 길은 오직 하나
달리는 자전거 앞 2미터 이상을 바라보지 않는 것이다.
마음이 급하다고 해서 거리가 좁혀지지는 않는다.
필요치 않은 번뇌를 팬스레 만들 필요가 없다.
집착이 없는 한 번뇌도 없는 법이기에……

자전거에 몸과 마음을 싣고

또 다른 나와의 이별 길, 떠남의 자유, 떠남과 만남이란 행위 – 여행

　여행은 만남이다. 타他와의 만남을 통해 이루어지는 내 자신과의 만남이 여행 중에 추구되는 중요한 작업이다. 또한 역사와 문화의 만남, 대자연과의 만남 속에서 나의 길을 찾을 수 있기에 힘든 여정도 마다하지 않는다. 언제나 바람이 통하는 길 위에, 내 자신을 서 있게 하고 싶다.

　여행이란 눈에 보이는 안내책자나 사진으로 남겨지는 것이 아니다. 진정한 여행인이라면, 자의나 임의에 의해 남기려고 해서 남는 것이 아닌, 그저 바람처럼 자연스레 피부에 스며들며 이슬처럼 소리 없이 옷깃을 적시는 그런 추억들이, 가슴속에 고이 자리하는 것을 느낄 수 있어야 할 것이다. 자의와 임의적인 마음과 행동이 강해지고 많아질수록 자신도 모르게 삶의 피가 되고 살이 되는 소중한 느낌들이 줄어든다는 것을 한 번쯤 생각해야 할 것이다. 인생사도 마찬가지라고 여긴다.

여행은 관광이 아니다. 자신을 위한 배움과 버림을 위한 '공간처리'이다. 말을 바꾸면, 자기 자신을 위한 수행의 공간이자 시간이다. 새로운 공간에서 타他의 존재를 통해 나我라는 존재를 인식하는 과정이다. 궁극적으론 타를 통해서 바라본 내 속에서 자아自我의 본질을 바라보는 것이다. 많은 인연들과의 매임을 버리고 고립된 상태와 공간 속에서, 독립된 개체로서 존재할 때만이 이루어지는 연속선이 수행이며, 객관적으로 사물을 바라볼 수 있는 방법론이다. 이러한 과정과 공간처리가 곧 여행을 통해 추구되는 여행의 본질이다.

현상적인 시간과 그에 대한 조급함을 죽일 때만이, 본질을 바라보는 눈이 생기는 법이다. 여행은, 인생에서 소중한 시간과 자신을 위한 막대한 노력의 투자다. 그렇다고 이 투자 자체에 집착을 해서는 안 된다. 그저 흘러가는 물처럼 바람처럼 그렇게 자기 자신을 내버려둘 때, 그곳에서 한 줄기 새 생명이 태어날 수 있다. 임의나 인위적인 것은 순간을 만족시킬 뿐, 그로 인한 부작용을 반드시 동반하는 속성을 가지고 있다. 그렇다고 자기 자신이 살고 있는 현실과 관계하는 일들을 부정하라는 얘기가 아니다. "인생이란 긴 여정과도 같다."라는 말이 있듯이 시간과 공간에 집착하지 말고 자신이 서 있는 그 길의 본질을 찾는 노력을 하자는 것이다.

북독일 대평원에 펼쳐진 유채꽃 벌판에 선 필자

윤회의 굴레를 벗어나 – 여행지

여행을 떠나면, 자신의 주변에서 일어나는 일들은 모두 혼자서 처리해야 한다. 여정에서도 큰일부터 작은 일까지 일들이 많은 게 사실이므로 조금도 여유를 부릴 시간이 없다고 해도 과언이 아니다. 바쁘고 고된 날들이지만, 그래도 언제나 신선한 하루하루를 보낼 수 있어 좋다. 매일같이 같은 일들일 것 같지만, 순간과 상황 그리고 문화와 기후나 지리 등 풍토에 따라서, 늘 새롭게 다가오는 게 여행에서의 일상생활이다.

이런 여행을 통해 사물을 바라보는 종합력과 판단력, 결단력, 추진력, 계획성, 위기 대처 능력 등은 물론, 객관적인 자기반성과 자기 극복력이 저절로 생겨난다. 이와 같은 것들은 여행이란 공간 속에 자기 자신을 던져놓은 이상, 살아남기 위해 움직이는 동안에 자연스럽게 터득하고 개발되는 것들이다.

그래서 여행 시작부터 어떤 목표를 세우고 떠나지 않아도 좋을 것 같다. 객관적으로 나를 분석함과 동시에 자신의 길에 대한 반성 속에, 지나간 내 인생의 점검은 물론 다음 단계에 무엇을 해야 할 것인가 하는, 앞길에 대한 해답이 자연스럽게 느껴져 오는 과정이 여행 중에 이루어지기 때문이다. 버린 자만이 얻을 수 있는 법이고, 길을 떠난 자만이 길 위에 서 있을 수 있으며 추구하는 목적지에 도달할 수도 있는 법이다.

세상에 두려워할 것은 아무것도 없다. 길을 떠난 이상, 세상이 어떻게 돌아가는가 하는 이차적인 문제엔 신경을 접어두는 게 좋다. 어느 세상이라도 다 사람이 사는 동네다. 문화적이거나 종교적인 차이에서 오는 예법이란 그다지 신경을 쓰지 않아도 된다. 다만 인간적인 예의와 상대를 존중하는 기본적인 자세만 갖추고 있으면, 어느 사회에서나 환영을 받을 수 있다. 언어 또한 이차적인 산물이다. 마음과 눈빛만으로도 인간 간의 만남에서, 서로가 충분히 이해와 친분을 나눌 수도 있다.

오직 별빛만이 존재하는 사막의 밤! 조용해서 좋다. 수없는 보석들을 바라만 보고 있어도 좋다. 차가운 겨울 날씨 만큼이나 반짝이는 별들로 눈이 시리다. 아! 난 역시 어쩔 수 없는 야간 체질인가 보다. 이 방랑벽이 언제쯤 끝날런지……. 공자님 말씀에 나이 사십이면 불혹不惑의 나이라 하여, 세상 이치에 모름 없이 밝아야 되는 나이라 하셨다. 그런데 나는 언제쯤 철이 들까. 가능하다면 마냥 소년처럼 이렇게 한세상 살아가고 싶건만…….

여행의 내면적 본질을 추구하며 — 여행자

여행 중 내 철학의 첫 번째는 철저히 '인연 따라서……' 이다. 동시에 이와 내용적으로 반대적인 측면인 '하면 된다. 안 되면 되게 하라.' 이다. 상반되는 여행 철학을 함께 가지고 있지만, 분야를 구분해서 적용하고 있기에 전혀 모순점을 가지지 않는다. 즉 사람들과의 만남과 여행 일정이나 루트는 '인연 따라서……' 이고, 형태적인 방법론이 '안 되면 되게 하라.' 는 것이기에, 상호 간에 있어서 모순이 발생하지 않음은 물론이고, 내 자신 안에서는 흐르는 물과 같이 순조롭게 상호 보완적인 관계로 이루어진다. 난국에 부닥쳤을 때 무슨 여행 철학이냐고 할 수도 있겠지만, 난국에 직면했을 때일수록 필요한 게 자신만의 철학이다.

난국에 있어서 자신의 철학이란, 난국을 타파하는 길이자, 길을 걸어가는 방법론이다. 난국 속에서 자신의 철학이 없다면, 우선 어찌해야 할 것인가를 찾는 길에서 헤맬 것이고, 길을 발견하지 못한 상태에서 걸어가는 방법론이란 것은 절대 보이지 않는 법이다. 물론 세상엔 공짜라는 게 없는 법이어서 난국이 닥치면 내 육신은 바쁘게 움직이며 뛰어다닌다.

그러나 마음은 언제나 조용히 내 자신을 관찰하고 있을 뿐, 아무런 동요도 없다. 세상에 일어난 일들은 시간이 얼마나 더 걸리느냐의 차이는 있겠지만, 만사엔 다 해답이 있기 때문이다. 만약에 해답이 없는 문제라면, 문제라는 개념 자체가 성립될 수가 없다. 문제란 개념은 해답이란 개념을 전제로 개념화될 수 있고, 문제와 해답이란 서로 상대적 개념으로 성립되기 때문이다.

사람 사는 세상엔 어느 정도의 융통성은 어느 민족에게나 어떤 나라에나 있는 법이다. 한 치 앞도 내다보지 못하는 게 인생살이라면, 여행에서는 예측할 수 없는 상황들이 돌출한다. 자신의 능력만으론 어쩔 수 없는 경우와 조우할 때가 많다. 하지만, 사람 사는 동네라면 어떻게든 다 해결되어지는 것 또한 사실이다.

만약 그대가 운이 좋은(?) 편이라면 고속도로를 달리는 것 같은 인생을 살아갈 수 있겠지만, 비포장 시골 길을 달리는 인생 또한 나쁘진 않을 것이다. 왜냐하면 인생이란 길의 상태가 문제가 아니고, 길을 걷는 사람의 마음가짐에 따라 순간순간 그 의미가 달라지는 것이기 때문이다. 사람이 사는 세상엔 어떤 길이든 길은 반드시 있는 법이다.

독일
옷 한 벌에 대한 애착을 끊으며

대장정의 시작

2001년 5월 1일, 음력 사월 초파일 부처님 오신 날이자 시인 엘리엇이 "잔인한 사월"이라고 노래했을 만큼, 봄기운과는 거리가 먼 북유럽의 사월을 힘겹게 넘긴 첫날. 독일 함부르크는 청명한 날씨.

아기 부처님의 탄생을 머나먼 서쪽 하늘땅에서도 축복하듯 봄기운으로 다가오는 새벽녘, 이미 약속된 사실처럼 밝아오는 여명이다. 세상을 밝히는 빛과 같이 다가오신 석가모니 부처님의 생신날이건만, 길 떠날 준비로 짐을 정리하면서 고이 간직하고 있던 작은 불상마저 봉안해 버렸기에 당신께 차 한 잔 올릴 수도 없다. 동녘 하늘을 향한 합장 삼 배로 죄송함을 달랠 수밖에…….

대장정의 시작이다. 1년간의 자전거 대륙 횡단! 눈썹 하나조차도 무겁게 느껴지는 자전거로의 여정이다. 하지만 출가자로서 단 하나, 목숨과도 바꿀 수 없는 '가사' 한 벌을 챙겼다. 떠날 때는 언제나 뒷

정리를 말끔히 하여야 함은, 다시 돌아올 기약을 않겠다는 출가 수행자의 의지이자 마음 자세다. '가사' 한 벌로도 저세상 길을 떠날 땐 충분한 준비인 것을……. 그 한 벌마저도 금생에 얻어 입은 공덕을 어찌 다 갚으리까마는, 중생인 연유에 굳이 옷 한 벌에 대한 애착을 끊을 수가 없다. 이 집착 또한 벗어버려야만 하거늘.

함부르크 대학 유학생 동료들과의 출정식

  히틀러의 지시로 만들어졌다는 함부르크 대학 앞의 거대한 인공 호수 알스터(Alster)를 지나 국도에 접어들었다. 정들었던 2년간의 함부르크 생활과 그동안 함께했던 유학생 동료 학형들의 따뜻한 마음들을 가슴속 깊숙이 간직하며, 우리네 인간들 속에 내재하고 있는 인간 본연의 참모습인 달마(Dharma, 참인간상)를 찾아 떠나는 순간이다. 자전거 굴레가 이어지는 매 순간순간마다 계속될 인간과의 만남을 찾아서다. 나를 벗어버린 우리들이 함께할 공존의 순간을, 유라시아 대륙 서쪽 끝에서 동쪽 하늘 아래 있는 어머니의 땅 한국을 향해 떠나는 것이다.

엘베의 피렌체 — 소중한 인연을 찾아서

  지금으로부터 2,500년 전, 인도 히말라야 산자락 아래 펼쳐진 카비라국 룸비니 동산에서 탄생하신, 석가족 출신의 성자 고타마 싯다르타가 태어나면서 외친 것은 다름 아닌 "천상천하유아독존天上天下唯我獨尊(하늘 위나 하늘 아래 생명을 가진 모든 존재는 다 존엄성을 가진다.)"이라는 것이다. 쉬운 얘기로 "사람 위에 사람 없고 사람 아래 사람 없다."로 바꾸어 말할 수 있다. 이것은 곧 평등과 생명의 존엄성을 말함이고, 여기에는 자타自他의 구별이나 차별이 있어서는 안 된다는 말이다. 내가 타他의 존재를 존중치 않는다면, 타에 의해서 나의 존재 가치 역시 부정되고 마는 대립과 부정의 등식이 성립될 뿐이다. 이것은 서로 간의 공존이 아닌 공멸共滅 그 자체를 의미하는 것이기도 하다. 우주 만물의 평등과 자비심을 설하신 석가모니 부처님의 약속처럼, 중생 구제에 80여 년의 일생을 보내신 당신의 가르침을 따르는 출가자로서, 지금 우리 주변에서 일어나는 문제들에 문제의식을 가짐과 동시에 보다 나은 길을 위한 실천의 길을 다함께 어울려 찾고자 함은 지극히 불교적인 정신이다. 중생을 떠난 실천가가 어느 세상에 어떻게 존재할 것이며, 현실을 떠난 가르침이 어떻게 영원한 진리일 수 있겠는가.

　진리의 본질을 깨우쳐야 함이 오늘날 우리 후손들의 과제가 아닐까. 시대와 지역 그리고 문화와 역사의 흐름 속에서, 종교의 모습이 많이 바뀌어 전개되어 온 것 또한 사실이다. 종교의 형태가 시대와 문화에 따라 변천되어 왔다 하여, 그 본질이 변형된 것은 아니다. 성인으로 불리는 부처님과 예수님께서 몸으로 행行한 자비와 박애의 가르침(진리)은, 바로 인간답게 살아갈 수 있는 길(방법론)을 설함이자, 당신들의 어여쁜 중생들이 그 길을 걸을 수 있도록 자상하게 인도하는 실천론이다. 지혜와 방편으로 대변되듯이, 이理-행行 즉 정확한 이론과 실천이 함께 이루어져야 함은 두말이 필요치 않은 모든 종교의 근본 가르침이다.

조용한 아침이 자리하는 함부르크 시내를 벗어나 엘베 강을 건너는 다리 위에 섰다. 3천 리를 달려온 엘베는 함부르크로 흘러들어 가고 있다. 길 떠나온 사람이건만, 2년간 자리했던 그곳을 향한 회상이 나래를 펼쳐 퍼져가는 것은 무엇 때문일까……? 아마도 내 작은 인연들이 자리하기 때문일 것이다. 그러나 떠나온 그 길을 되돌아갈 순 없다. 이 길이 언제 어디까지 계속될 것인가는 내 자신도 모르는 일이지만, 내가 걸을 수 있는 순간까지 달려가야 한다.

도시 외곽으로 접어들자 전원 속의 마을들이 이어지고 있다. 길가 작은 집 정원엔 계절을 기다리는 장미꽃 봉오리가 가는 목을 뻗어 하늘을 향하고 있다. 조그만 언덕을 넘어선, 저만치 초록빛 대평원이 바람결에 숨소리를 싣고 있음이 느껴진다. 바람! 정처 없이 방랑길을 재촉하는 그들과 함께 나도 여행길을 떠나자!

베를린에서

루네부르크를 출발하여 삼 일째 되는 저녁 무렵, 동서독 분단에서 화합의 역사를 이뤄낸 현 독일 연방의 수도 베를린 시내에 입성하여 지인인 닉(Nick) 교수께 전화를 걸었다. 반가운 목소리로 현 위치에서 10분가량의 거리에 집이 있으니 찾아올 수 있겠냐고 하셨다. 주소만 있으면 세상 어디라도 찾아갈 수 있는, 나 자신이다.

베를린 성당 앞에 선 필자

닉 교수 댁은 베를린 성당과 페르가몬 박물관이 있는 박물관 섬 운하 뒤편에 위치해 있었다. 집 앞에 마중 나와 있던 닉 교수 부부와 그의 어린 세 자녀가 반갑게 맞아주었다. 열한 살인 파울, 아홉 살인 엠마, 네 살인 샤샤 모두가 천사 같은 눈망울을 간직하고 있었다. 막내인 샤샤는 이방인의 방문이 처음인지, 밥 먹는 것도 잊은 채 그 크디큰 눈망울을 나에게서 떼지를 못했다. 인간의 모습이 이토록 아름다운가! 하는 감탄을 자아내게 하는 어린아이의 눈망울!

다음 날 아침, 닉 교수는 베를린 시내를 안내해 주겠다고 했지만, 그도 바쁜 일정이 있을 터이기에 혼자 돌아보겠다며 사양을 하고는 그의 집을 나섰다. 베를린 시내 주요 유적 관광지는 반경 3킬로미터 안에 모여 있다.

우선 베를린의 대표적인 상징물인 프로이센 제국의 역대 전승들을 기념하기 위해 1791년에 세운 탑으로 향했다. 구름 한 점 없는 창공 속으로 솟아 있는 63미터 높이의 '황금의 전승 기념탑' 앞에 자전거를 멈추곤 휴식을 취했다. 이곳은 영화 「베를린 천사의 시(Der Himmel Ueber Berlin)」 중에서 중년 천사들이 쉬었던 곳으로도 유명하다.

수도 베를린의 상징으로 세워졌다가 동서 분단의 상징이 되어 동서 베를린을 나누던 기점으로 더 알려진 브란덴부르크 문(Brandenburger Tor)이 저만치 보인다.

통일 후 1년째 되는 11년 전에 브란덴부르크 문 양쪽으로 남북 45킬로미터에 걸쳐 남아 있던 장벽은 그 흔적조차 없어졌으며, 그 자리에는 신축 건물들이 들어서 있다. 브란덴부르크 문 자체도 복구 작업으로 파르테논 신전의 프로필라이아를 모방한 윗부분의 동상을 제외한 모든 부분은 그림이 그려진 천으로 둘러져 있다. 이념 대립의 상징처럼 여겨져 온 베를린 장벽의 흔적들은 흐르는 역사의 무상함을 느끼게 할 만큼 사라지고 정리된 상태로 이방인을 맞는다. 당사자들에겐 아픈 역사적 사실이겠지만, 반복되어서는 안 될 역사의 교훈으로 그 현

동-서독 분단의 상징인 브란덴부르크 문

장만은 남겨두었어야 하는데 하는 아쉬움이 남는다. 역사를 인간의 손으로 지울 수 있는가? 의문이 남는 순간이 아닐 수 없다.

  이념의 갈등으로 약 50여 년 동안 비극의 상징에서 이제는 새로운 통합의 의미로 자리바꿈을 한 베를린. 브란덴부르크 문을 중심으로 서베를린 방향으로 전승 기념탑까지 뻗어 있는 4차선 대로가, 1953년 6월 17일에 일어난 동베를린 시민 봉기를 기념하기 위해서 이름 붙인 '6월 17일 거리'이다.

  이 거리를 사이에 두고 북쪽 방향에 독일제국을 이룩한 비스마르크에 의해 1894년 정부 청사로 건립되어, 바이마르 공화국 이후 정권을 잡은 히틀러가 1933년에 수상으로 취임하기도 한 곳인 르네상스 스타일의 구제국의사당과 독일 연방 국회의사당이 독일 근현대사의 산증인으로 침묵 속에 자리하고 있다.

  남쪽으로는 유럽 문화의 중심으로 변모해 가는 베를린이 자랑하는 '베를린 필하모니 오케스트라'의 본고장 베를린 필하모니, 국립 현대 미술관, 소니 센터, 디자인 박물관 등이 자리하고 있다. 한마디로 격동의 역사가 한자리에 존재하는 동시에, 미래로 향하는 흐름 속에 있

는 느낌이다.

　산책로를 따라 공원 서쪽 끝에, 1844년에 개장한 세계 최대 규모의 베를린 동물원 주위를 돌아 공원을 벗어났다. 동물원 정문 앞에 서서 마주 보이는 곳에, 전쟁의 상흔을 그대로 진 채 서 있는 건물이 카이저빌헬름 교회(KaiserWilhelm-Gedachtniskirche)다. 이 교회는 카이저빌헬름 1세를 기념하기 위해서 19세기 후반에 세워진 신로마네스크 양식의 아름다운 건축물로, 2차 대전 때 폭격으로 파괴된 교회탑을 무모한 전재戰災의 잔인성을 알리기 위해 그대로 보존하고 있다. 전쟁의 참상을 담은 역사의 현장 중에 빠뜨릴 수 없는 곳이, 원자폭탄 투하로 초토화가 된 히로시마 평화공원을 들 수 있다. 인류의 역사와 함께 전쟁의 역사는 계속되어 왔다. 하지만 원폭이라는 전대미문의 인류 최악의 역사를 남겨야만 했던가? 파괴된 빌헬름 교회를 바라보는 순간 악몽과 같은 인간의 잔인함이 소름 끼치게 한다. 그 어떤 명분에서든 두 번 다시는 인간들의 무지와 욕망의 불꽃인 전쟁은 반복되어서는 안 되리라는 무언의 기원이 낡은 교회 종소리에 담겨져 울려 퍼지고 있다.

　공원을 끼고 도는 운하를 따라 동쪽으로 향해 달리기 10여 분. 동서 이념 대립 당시 동서독 사이의 판문점이라 할 수 있는, 세계에서 가장 유명했던 국경 검문소가 자리하고 있다. 영화 속에서 서방 자유세계로의 극적인 탈출 장면의 주 배경이 되기도 했던 찰리 검문소(Checkpoint Charlie). 지금은 관광 명소로 검문소의 흔적만을 남겨두고 있을 뿐이다. 검문소 옆에 있는 찰리 검문소 박물관(Museum Haus am Checkpoint Charlie)에는 베를린 역사의 한 단면을 볼 수 있도록 사진과 비디오 자료들이 전시되어 있다.

정오쯤이 되어서야 겨우 구서베를린 지역을 대충이나마 돌아볼 수 있었다. 오월에 접어든 베를린의 하늘은, 따가운 태양으로 시내를 수놓은 운하와 가로수 녹음과 함께 앙상블을 연출하고 있었다. 여름철 기껏해야 일이 주 동안 햇빛을 볼 수 있는 함부르크에 비하면 축복된 날씨다. 내리쬐이는 듯한 강렬한 햇살이지만, 오히려 두

카이저빌헬름 교회

팔을 펴고 가슴 하나 가득 안고 싶어지는 심정이란, 가혹한 하늘빛 아래에서 1년을 보내야 하는 사람만이 느낄 수 있는 것이리라. 이와 같은 날씨 탓에 북유럽에 사는 사람들은 휴가철이 되면 누구나 태양으로 가득한 지중해와 같은 낙원을 찾는 것이다. 습기 한 점 없는 베를린의 오월 속을 달린다는 것은 그 자체로 만족이다.

구제2독일제국 수도의 모습을 간직해 왔던 동베를린 지역에 접어들었다. 저녁에는 닉 교수 가족과 식사를 약속해 두었기에, 오후 한나절 동안에 동베를린 지역들을 돌아보아야 한다. 그나마 도보가 아닌 자전거로의 이동이기에, 11년 만에 다시 찾은 베를린은 주마간산식으로나마 지난 여행의 기억을 떠올릴 수 있는 조금의 여유를 느낄 수 있게끔 해준다.

박물관 섬 앞에 있는 훔볼트 대학을 향해 출발이다. 구베를린 대학을 전신으로 하는 훔볼트 대학(Humboldt Universitaet Zu Berlin, HUB)은 1810년 빌헬름 훔볼트에 의해 설립된 베를린 최초의 대학이다. 나치집권 중인 1935년에서 1945년 사이, 반나치자유주의를 외치던 이 대학의 학생과 교수들 대부분이 강제로 쫓겨나거나 총살을 당한, 아픔

의 역사를 간직하고 있는 곳이기도 하다.

홈볼트 대학을 조금 지난 곳에 베를린 시내 중앙을 가로질러 흐르는 슈프레(Spree) 강 사이에 일명 '박물관 섬'으로 불리는 곳이 있다. 이곳의 칼 마르크스와 엥겔스를 기념하는 마르크스 엥겔스 광장에서 정면으로 마주보이는 교회 건축물이, 1894년부터 10년에 걸쳐 완성된 아름다운 엷은 하늘색 둥근 지붕을 한 베를린 성당(일명 Berliner Dom)이다. 운하를 등지고 축조된 베를린 성당은 관광 명소인 동시에, 성당으로써의 기능도 계속되고 있는 곳으로, 오월의 녹음과 파란 하늘이 담긴 운하가에 자리하는 풍경이란 한 폭의 그림이 아닐 수 없다.

박물관 섬에는 1830년 왕립 박물관으로 개장한 알테스 박물관(Altes Museum)과 19세기와 20세기 초의 독일 화가의 작품들을 주로 전시하고 있는 알테 국립 미술관(Alte Nationlagalerie), 1904년에 개장하여 회화, 조각, 비잔틴 미술품과 이집트 미술품을 소장하고 있는 보데 박물관(Bode Museum) 등이 베를린 성당 옆으로 자리 잡고 있다.

그 뒤편으로 헬레니즘 시대에 번영했던 페르가몬 왕국에 있던 대리석을 재료로 부조浮彫로 된 120미터짜리 거대한 페르가몬 제단(pergamon Altar)을 그대로 옮겨와 박물관 안에 복원시키고는 그 이름을 따서 붙인 페르가몬 박물관(Pergamon Museum) 등이 이 '박물관 섬' 안에 위치하고 있다. 여섯 개의 박물관이 한곳에 모인 이곳은 규모만큼은 런던의 대영 박물관을 능가하는 세계 최대의 종합 박물관이라 하겠다.

고대 오리엔트, 극동아시아, 이슬람문화와 민속학 등의 부분에서 세계적인 수집품(?)을 자랑하고 있으나 대부분의 유물들이 박물관 고고학 조사팀과 발굴팀들에 의해 약탈되어 소장된 사실들을 생각하면 감동만 할 수도 없다. 약탈로 반입된 유물들은 역사가 자리했던 본래의 곳으로 환원되어야 하리라 생각된다. 모든 것은 있을 곳에 존재해야 한다. 그것이 자연의 이치다. 남의 유물들을 버젓이 자기 소유인 양 보관하고 있는 것은 상식에 맞지 않는다. 베를린에서 가장 중요한 두 개의 보물이 페르가몬 신전과 이집트 박물관에 있는 네페르타리 왕비의 흉상이라는 것은, 한번쯤 생각해 보고 넘어가야 할 문제다.

닉 교수 가족과의 저녁 식사 약속 시간에 맞추어 교수 댁으로 돌아오자, 세 아이들이 뛰어나와 안기며 즐거운 날이었느냐고 묻는다. 조금 무리한 일정 속에서 움직인 탓에 피곤을 느끼는 것도 사실이지만, 아이들의 해맑은 모습에 하루의 피로가 사라지는 느낌이다. 다음 날 아침이면 다음 행선지인 드레스덴을 향해 출발해야 하기에, 오늘 밤이 닉 교수 가족과는 마지막 밤이다. "스님"을 발음하지 못해 "슈님"이라 부르며 내 품에서 떠날 줄 모르는 네 살짜리 샤샤. 어린 사슴 같은 큰 눈망울로 쳐다보며 자신이 그린 그림 한 장을 내 손에 건네준다.

아무런 의도도 없이, 있는 그 자체로의 인식의 표현인 샤샤의 그림! 어른들의 의도적인 장벽의 한 조각 시멘트 파편을 분단 조국 한반도에 가져가기보다는, 동서독 통일 이후 이곳 베를린에서 새롭게 탄생한 세대인 샤샤가 전하는 인류공존과 평화, 인간과 인간 간의 따뜻한 만남의 메시지인, 이 '무제'의 그림 한 장을 가슴속에 간직함으로써, '어여쁜 달마(참 인간상)를 안고, 그 달마를 찾아서' 떠나는 나의 여

샤샤의 그림—무제

정이 비로소 시작된 듯하다. 통일 베를린의 봄소식을, 허리가 잘린 한반도 38선 임진강 강변에 꽃 피우는 씨앗으로 가져가리라!

다음 날 아침(5월 11일), 고이 잠든 아이들 얼굴을 보고는 닉 교수 부부와 언젠가 다시 만나기를 기약하며 작별 인사를 나누었다. 짧은 만남이지만 따뜻한 시간들이었다. 언젠가 다시 찾을 베를린에서 닉 교수 가족과의 재회를 기원해 본다.

드레스덴을 향하여

교통이 혼잡한 대도시를 벗어나는 데는 시간이 많이 걸리기 때문에 가급적이면 아침 일찍 시내를 벗어나는 게 좋다. 베를린 시내를 벗어나 드레스덴(Dresden)으로 향하는 국도 96호선에 접어들었을 때는 이미 태양이 중천에 떠올라 있었다.

홀로 달리는 끝도 안 보이는 여정 길이지만, 언제나 내 마음은 푸근하다. 소중한 인연들이 내 가슴 깊은 곳에 자리하기 때문이다. 인연을 소중히 여기지만, 인연에 매이지는 않는다. 인생이란 긴 여정의 연속선 위에 이번 여행이 이어지고 있을 뿐이다. 여행과 인연에 내 자신이 인위적인 주체 의식을 가질 필요가 없다. 바람 같은 여정 길 위에, 흐르는 물 같은 인연을 그저 바라만 보면 된다. 내 생각이 삽입되는 순간, 여행이든 인연이든 더 이상 자연스럽지 못하게 된다. 내 생각이란, 모든 집착과 그 결과로 나타나는 번뇌의 씨앗이 된다. 그저 자연스럽게 내버려두자.

자전거로의 달림도 마찬가지다. 지금 이 순간을 달릴 뿐, 오늘 밤을 어느 곳에서 머물 것인가 하는 생각은 할 수도 없을 뿐더러 걱정하지도 않는다. 평지에서 하루 동안 자전거로 달릴 수 있는 거리는 대충

70~100킬로미터이다. 특별히 그날의 숙박을 위해 거리를 조종하지는 않는다. 물 한 병만 있으면 어느 곳이든 하룻밤은 텐트 속에서 지낼 수가 있기에 하루 동안 달릴 수 있는 최대한의 거리를 달릴 뿐이다. 이것이 내가 할 수 있는 일이고 내 여행이다.

예정된 사실이 없는 여행에서, 나 자신이 자유로워지는 길은 오직 하나. 달리는 자전거 앞 2미터 이상을 바라보지 않는 것이다. 마음이 급하다고 해서 거리가 좁혀지지는 않는다. 필요치 않은 번뇌를 괜스레 만들 필요가 없다. 집착이 없는 한 번뇌도 없는 법이기에…….

체크와의 국경도시이자 중세 중부 유럽의 중심 도시로 번창하다가 동독 때 조금은 퇴색된 듯한 느낌이 있는 드레스덴(Dresden)에 도착한 것은 베를린을 출발한 이틀째 저녁 무렵이었다. 구시가지를 지나 주황색 가로등 불빛이 떠있는 엘베(Elbe) 강을 건너는 육중한 돌다리 위에 섰을 때, 길게 흘러내리는 물결 위에 무수한 작은 생명들의 무희가 자리하는 게 보인다. 450년 전통을 자랑하는 세계 최고의 오케스트라인 '드레스덴 슈타트카펠레'를 지휘하는 바그너의 숨결이 되살아오는 것일까? 지친 육신을 적시는 빗줄기에 걸음을 멈췄다. 김일성 주석이 호네커 전 동독 서기장과 함께 뱃놀이를 했다는 이곳 엘베 강가엔 김 주석도 호네커도 지금은 말이 없다.

엘베 강줄기를 따라 구시가지 쪽 언덕 위에 자리하는, 엷은 주황색 조명 속의 중세풍 궁전과 교회 건축물의 긴 그림자가 물결의 흐름을 따라 춤을 추고 있다. 예술과 문화의 도시로 '엘베의 피렌체'와 '바로크의 진주'로 칭송받는 이유를 알 것만 같다.

지금은 독일 여느 도시와 같이 평화스럽기만 한 이곳이건만, 독일 전쟁사에도 세계 전쟁사에도 기록될 만큼 참혹한 하룻밤의 기억을

엘베 강변가의 드레스덴 구시가지 풍경

간직한 도시이기도 하다. 2차 대전 종전을 얼마 앞둔 1945년 2월 13일 밤. 미국과 영국 공군에 의한 단 몇 시간의 맹렬한 폭격으로 민간인 3만 5천 명 이상의 목숨을 앗아가는 대참상을 겪은 것이다.

당시에 폭격으로 파괴된 중세풍 건축물들은 대부분 복원된 상태지만, 이곳 사람들의 가슴속에 남아 있는 그날 밤 그 아픔의 기억들은, 도시를 가로질러 흐르는 엘베 강의 흐름 속에 오래도록 계속되리라. 이때의 공습으로 도시의 90% 정도나 잿더미가 된 것을 전후 재건과 복구 작업을 통해, 지금은 과거의 영화롭던 작센 왕국의 수도로서 그 위용을 되찾아 가고 있는 것을 보면, 전통을 고집하는 독일인들의 집념이 가히 존경스럽다.

함부르크를 떠나온 지도 2주가 가까워 온다. 몸도 마음도 여행에 어느 정도 적응을 해 가고 있다. 1년이란 긴 여정이고, 대륙과 대륙을 횡단해야 하기에 적응을 서둘러서는 안 된다. 자연스레 여행 감각이 돌아오길 기다리며, 서서히 움직이는 게 장기전을 위해선 좋은 방법이다. 정해진 기간과 루트가 있지만 시간과 거리에 마음이 가버리면, 한순간 한순간 이어지는 여정은 내용이 얇어지고 형태만 남을 뿐이다. 장기 여행은 하루하루의 여정이 곧 나의 삶인 듯 부드럽고 자연스러워야 된다.

빗줄기가 굵어지고 있다. 잠자리를 찾아야 한다. 독일에 치안 문제가 거의 없다는 것은 함부르크에서의 생활을 통해 알고 있었다. 그러나 요즘 들어, 독일 경제의 침체와 함께 특히 구동독 지역에서 유색인종을 향한 네오 나치(극우주의자)들의 범죄들이 속출하고 있어 독일사회에서도 문제시되고 있다.

함부르크를 떠나기 전에 동료들로부터 독일을 벗어날 때까지는 특별히 주의를 하라는 당부가 있었다. 여행 중에는 어느 곳에서나 치안문제는 늘 생각해야 한다. 최근에 구소련 연방으로부터 독립한 동유럽 나라들에서, 체제 변화와 급격한 시장경제 도입의 소용돌이 속에 마피아와 극우주의자들에 의한 범죄들이 급증하고 있는 실정이다. 비를 맞으며 광장 주변을 걷기 시작했다. 영국과 북유럽엔 연중 흐린 날씨 속에 비가 자주 내리지만, 우산을 써야 할 만큼의 굵은 빗줄기는 아니다. 소리도 없는 이슬비이기에 우산 없이 비를 맞으며 걷는 게, 촉촉한 자연스러운 감촉의 생명감을 느끼게 해서 좋다. 50여 년 전 전화戰火의 흔적이, 아직까지도 중세풍 건축물들에 남아 있다. 박물관이 아닌 도시 한가운데에, 전쟁의 상흔들을 그대로 간직한 곳은 유럽에서도 흔하지 않다. 빗속에 먼지가 씻겨진 탓에 공습으로 검게 탄 벽면이, 복구한 새 벽돌과는 선명한 색깔의 차이로 다가온다. "어떤 명분을 가지고, 누구를 위한 전쟁이었는가?" 하는 의문을 떨쳐 버릴 수가 없다. 영원한 우방도 적도 없는 전쟁사를, 우리는 '역사'라는 지난 과거의 상흔으로 남기려 할 뿐, 인간들을 위한 더 이상의 노력은 없는 게 현실이다. 그 무수한 생명의 꽃들이 떨어져 갔건만……. 언젠가는 인간의 운명도, 인간들 스스로가 개발한 욕망의 결실인 무기에 의해 사라져버릴 것이다. 결국 무無로 돌아가야 하는 운명인 것인가? 얼마든지 아름다운 지구에서 서로 함께 인간답게 살아갈 수가 있거늘…….

내일이면 독일을 벗어난다. '동유럽의 파리'로 불리는 체크 수도 프라하로의 출발을 앞두고, 2년간 정들었던 독일 땅을 막상 떠나려 하니 아쉬움 또한 가슴 한군데 자리한다. 떠날 땐 언제나 아쉬움이 남는 것. 인연이 시작되면 끝날 순간도 시작과 함께 전제되는 것이 우리네 인생살이인 것이다. 길을 나선 이상, 떠남이 만남이기에 다가올 새로운 인연을 찾아 발걸음을 옮기지 않을 수가 없다. 지난해 돌아본 프라하의 봄 풍경을 그리며 저물어가는 독일에서의 마지막 밤은 내 영혼의 기억 속에 작은 추억으로 자리하리라.

2 중부 유럽을 지나 남유럽까지

머물다가 떠나고,
떠남 속에 머무는 인생살이가 나는 좋다.
떠나는 아쉬움을 가슴에 묻고,
발길 닿는 그곳, 그 순간에 존재할
인연들이 있는 그곳으로……
이것이 진정한 여정이 아니겠는가!

체크
미래로 흘러가는 내 마음속의 강

미래로 흐르는 강

5월 14일 아침녘, 2박 3일간의 드레스덴 체류를 끝내고, 30킬로미터가량 떨어진 독일과 체크 국경을 향해 출발. 엘베 강변을 따라 달리는 시간은 계절을 맞은 녹음과 들꽃들로 내 마음까지 꽃이 되는 순간이다. 국경 통과 수속은 의외로 간단하게 독일 측 출국 도장과 체크 측 입국 도장 하나로 끝났다. 자전거로의 여행자임을 확인한 탓인지 세관 검사도 없이 통과다.

국경을 따라 리젠 산맥(Riesen Mts.)이 걸쳐져 있는 산악 지대이긴 하지만, 강변을 따라 난 도로는 강 수면과 같이 강을 따라 함께 흐르고 있다. 프라하까지는 더 이상 지도를 볼 필요가 없다. 엘베 강줄기를 상류 쪽으로 따라 달리다가, 블타바(Vltava) 강과 합류하는 멜닉(Melnik)이라는 작은 도시에서 블타바 강 상류를 향해 30킬로미터가량 동남쪽으로 달리면 된다. 블타바 강줄기의 흐름과 함께 체크 수도 프라하로 흘러 들어갈 것이다.

인류의 소중한 공동의 자산인 강은 언제나 미래로 흘러야 한다. 강의 미래가 없이 인류의 미래를 운운한다는 것은 어불성설이다. 강은 개

프라하 시내를 흐르는 블타바 강

인이나 한 나라가 소유하거나 점유하려 해서는 안 된다. 지난해 중동 여행 때 본, 이스라엘과 요르단 국경 사이에 흐르는 말라비틀어진 요르단 강줄기의 참담함은 아직도 생생하다.

이번 여행이 자전거 여행이지만, 단 몇 장의 지역(대륙) 지도만 준비했다. 나라별, 도시별 지도를 모두 준비하면 그 무게만 해도 무시할 수 없는 무거운 짐이 되기 때문이다. 유럽에서 본 아시아는 동쪽이므로 우선 동유럽 나라들을 동남쪽으로 가로질러 이스탄불까지 달리다가, 중앙아시아 쪽 실크로드를 향해 달리면 된다. 유라시아 대륙 횡단 여행이지만 여행의 전체적인 방향은, 어쨌든 유라시아 대륙의 끝 지점이자 시작 지점인 한국을 향해 동쪽으로 향하기만 하면 된다.

세부적인 경로는 세계지도에서 나라들의 방향과 그다음 나라를 향하기 위한 경로에 위치하는 주요 도시들만 확인하면 루트 선정엔 아무런 문제가 없다. 한 나라의 수도와 같은 대도시들은 여행안내 책자에 대강의 지도가 실려 있으므로 굳이 별도로 지도를 준비할 필요는 없다. 대도시 시내에 접어들면, 관광 안내소에서 제공되는 지도를 사용하다가 그곳을 떠날 땐 버리면 된다.

따스한 사람들이 있는 아름다운 도시

5월 17일 정오쯤, 아름다운 블타바 강의 흐름을 묘사한 스메타나의 교향시「몰다우」의 부드러운 음률과 같은 블타바(Vltava R. 독일 명칭은 몰다우 강) 강물을 따라 수도 프라하(Praha)에 입성. 청명한 하늘과 연둣빛 녹음 속의 프라하가 포근하게 다가오는 순간이다. '동유럽의 파리' 또는 '백 탑百塔의 도시'로 애칭되는 이 아름다운 도시 프라하를 방문하는 것은 두 번째다.

프라하에 대한 호감은 나에겐 특별한 것이다. 무엇보다도 이곳 체크 사람들이 서로 간에 나누는 따스한 배려와 인간애를 곳곳에서 느낄 수 있기 때문이다. 그중에서도 마음에 남는 만남이 있었다. 그것은 유럽 배낭여행을 하는 한국인 여행자들 사이에서 전설과도 같은 체크인 민박집, 일명 '파벨 아저씨 집'에서 보낸 파벨 아저씨와의 일주일 때문이다. 이번에도 프라하에서의 숙소로 시내에서 조금 떨어진 주택가에 있는 파벨 아저씨 집을 마음속에 정해 놓고 있다. 아저씨 집을 향해 4~5킬로미터나 계속되는 가파른 언덕길을 힘든 줄 모르고 달리는 것 자체가 기쁨이다. 꼭 1년만의 재회다. '아저씨는 건강하실까……?' 타고나신 부드러운 성품을 가진 해맑고 자상하신 아저씨를 바라보며, 부처님을 연상했다면 조금 지나친 표현일까? 이런 아저씨의 인간미가 알려져 유럽에서 한국 배낭족들이 들르는 민박집 중에선 인기가 가장 높다.

특이한 것은 파벨 아저씨 집엔 다른 외국 여행자는 받지 않고, 오직 한국인만 머물게 한다는 것이다. 또 숙박비는 거실에 걸려 있는 한국산 노란 복주머니에 각자가 계산해 넣어두면 된다. 한국적인 문화와 한국인을 좋아하는 아저씨는, 한국의 1970년대 시골 아저씨와 같은 소박하면서도 따스한 인간미가 한껏 느껴지는 그런 분이시다. 이국 땅 유럽에서 한국의 고향 집과 같은 느낌을 받는다는 것은, 이곳을 지나간 모든 한국 배낭족들의 일치된 의견이다. 프라하에서 한국 배낭족들이 파벨 아저씨를 통해 느끼고 배우는 것은, 동구의 파리로 불리는 프라하의 풍경보다도 더 진귀한 아름다움이라고들 한다.

천사로 불리는 파벨 아저씨 집에서의 생활은 모든 것이 여행자들의 자율적 행동으로 이루어진다. 항상 미소만 짓고 계시는 아저씨이기에 자율적으로 할 수밖에 없다. 철도국 공무원인 아저씨는 새벽 6시면 출근하셨다가 오후가 되어서야 돌아오시기에, 찾아오는 여행자의 길을 묻는 전화에서부터 예약 전화와 방 배정까지 모두 자율적으로 운영된다. 짧은 시간 동안에 여행을 다니는 젊은 배낭여행자들의 경우, 며칠 동안에 유적지들을 최대한 많이 돌아보아야 하기에 아침 일찍 나갔다가 야경까지 보고는 저녁이 늦어서야 돌아온다. 집안 열쇠는 현관 입구 옆에 있는 쓰레기통 밑에 넣어두고는, 한글로 "열쇠는 쓰레기통 밑에 있음"이란 쪽지가 현관문에 붙어 있을 정도다. 한 번 다녀간 여행자들의 경우 아무런 문제가 없지만, 국제 열차로 프라하 중앙역에서 내리는 초행 여행자들의 경우 전화 연락이 안 되면 많이 긴장을 하게 된다. 이런저런 것을 고려하여, 파벨 아저씨 집에 머물게 되면 유럽 여행과 생활 경험이 있는

동화 속의 거리를 연상케 하는 프라하

내가 배낭여행의 노장으로서 집에서 전화를 받거나, 방장房長 겸 주방장 역할을 하기도 한다.

프라하의 숨결이 좋아 다시 이곳을 찾았다. 굳이 다 돌아본 시내 관광을 위해 밖으로 돌아다닐 필요가 없다. 마당 정원 벤치에 앉아 독서를 하거나 사색을 하며 햇살을 즐기는 편이 나에게는 더 좋다. 오전에는 집안 청소도 하고, 일이 층에 있는 부엌 청소를 하거나 여행자들이 자는 침대 덮개까지 세탁을 한다. 또 새로 오는 여행자를 위해 집 부근 트램 역으로 마중도 나가며, 소매치기나 도난 사고를 당한 친구들을 위해 현지 경찰서에 가서 통역을 해주고 보험 처리를 할 수 있도록 분실 증명서를 청구하는 일 등을 돕기도 한다. 이런 까닭으로 새로 오는 여행자들의 경우, 나를 파벨 아저씨로 착각하는 경우도 더러 있다.

자신의 인생을 위해, 각자 힘든 여정을 계속하는 한국의 젊은 여행자들을 보면 뭔가 도움이 되고 싶은 게 나의 심정이다. 이것은 고국을 오래 떠나 있는 나의 고국에 대한 그리움이자, 한국의 미래를 이끌어 갈 젊은 그들에 대한 애착심이다. 작년만 해도 일 층만 개방을 하였는데, 올해는 이 층 수리를 끝내고 옥탑까지 수리 중이다. 방학 때면 머물 곳이 없어 복도와 소파에서도 자야 했으므로 아저씨는 그동안 모은 돈을 모두 투자하여 최고급 가구와 시설들을 들여놓았다. 아무리 복잡하다 하여도 찾아온 사람을 내보낼 수는 없다. 여행 중인만큼 고생은 감수하자며 최대한 공간을 만든다. 이럴 때면 파벨 아저씨는 안방까지 내주고는 지하 창고로 내려가시곤 한다. 습기가 많고 추운 지하 창고가 건강에 안 좋으니, 그러시지 말라고 말려도 어쩔 수 없다. 자신의 부모님인들 이처럼 자식을 아끼시겠는가. 이럴 때면 내 자신도, 아예 침낭과 매트리스를 들고 공사 중인 옥탑으로 올라간다. 구멍이 뚫린 지붕 사이로 쏟아지는 별빛이 너무나 아름답다. 밤바람 역시 시원하다.

여행자가 많이 모일 때는 고도古都 프라하에서의 추억을 만들어주기 위해, 각자 얼마씩 거두어서는 20~30명분의 한국 음식을 만들어 정원에서 모닥불을 피워놓고는 밤늦게까지 파티를 열어주기도 한다. 여행 중에 오랜만에 맛보는 한국 음식을 정신없이 먹어대는 친구들을 보고만 있어도 흐뭇해진다. 이런 좋은 추억들은 여행을 이어가게 하는 힘이 되고, 또 다른 여행지에서 다시 만났을 땐 '민박집 동기'로 좋은 친구 사이가 되는 계기도 된다.

고도 프라하

9세기 말 보헤미안 왕국의 수도로 시작된 프라하의 역사는, 현 체크 공화국의 수도에 이르기까지 천 년 이상의 역사를 간직하고 있는 신비의 고도古都이다. 도시 전체가 로마네스크, 고딕, 르네상스, 바로크 양식 등 다양한 건축 양식의 건축물들로 수놓어 있어, '북쪽의 로마'와 '황금의 도시'로 애칭이 붙을 정도로 유럽에서 가장 아름다운 도시로 손꼽히며, 도시 전체가 박물관이라 해도 과언이 아니다.

관광 명소가 모여 있는 프라하의 구시가지는, 도시 중앙을 가로질러 흐르는 블타바 강에 축조된 카를 다리(Karluv most)를 중심으로 반경 2킬로미터 내에 형성되어 있다. 서른 개의 성상聖像이 500미터의 다리 양쪽 난간에 열다섯 개씩 세워져 있는 카를 다리는, 카를 4세가 당시 최고의 토목 기술을 동원해 1357년에 건설한 것으로 중부 유럽에서 가장 오래된 다리이다. 카를 다리는 다리 서쪽에 '작은 베네치아'로 불리는 지역 언덕에 위치한 프라하 성과 함께 프라하를 대표하는 상징물이다. 프라하를 찾는 세계 각지로부터의 여행객들은 누구나, 세계에서 가장 아름다운 이 카를 다리를 반드시 한 번은 건너보려는 꿈을 간직하고 프라하를 찾는다.

카를 다리 위에서 바라보는, 노을빛 속에 자리하는 로마네스크 양식과 고딕 양식이 어우러진 프라하 성(Prazsky Hrad)의 아름다움은, 한 마디로 중세풍 성城을 담은 한 폭의 그림 그 자체다. 블타바 강 서쪽 흐라트차니(Hradcany) 언덕 위에 역대 왕의 궁성으로 축조된 프라하 성은, 9세기 중엽에 짓기 시작하여 14세기 체크의 황금시대를 이룩하여 체크의 아버지라 불리는 카를 4세 때에 이르러 지금의 고딕 양식의 모습을 갖추게 되었다.

현재 흐라트차니 광장에 면한 성城의 일부는 체크 대통령 관저로 이용되고 있고, 궁전 안쪽에 있는 성 비투스 대성당은 다양한 건축 양식으로 이루어진 교회로 세계적으로 알려진 건축물이다. 프라하 성에서 바라보는 동쪽으로 펼쳐진 시가지는 '백 탑의 도시'의 애칭 그대로 동화 속에 등장하는 중세 도시의 풍경을 연상케 한다.

체크의 현대사에서 잊을 수 없는 사건 중의 하나가 1968년 8월 20~21일 사이 저녁, 바츨라프 광장(Vaclavske Namesti)에서 조국의 민주화를 외치던 58명의 생명을 앗아간 '프라하의 봄(Prague Spring)'으로 불리는 민주 자유화 운동이다. 이 운동은 체코슬로바키아 지식층이 중심이 되어 '인간의 얼굴을 가진 사회주의' 강령을 채택하여, 자유화를 위한 정책적 변화가 있자 체코슬로바키아 국민들이 '프라하의 봄'이라 하여 공산 체제로부터의 탈바꿈을 환영하고 나선 것이 계기가 되었다.

이러한 '체코슬로바키아 사태'가 동유럽 공산국가 진영에 영향을 미칠 것을 우려한 소련이 '마르크스레닌주의로부터의 이탈'이라는 명분을 내세워, 불법으로 소련군을 비롯한 바르샤바 조약기구 5개국 군대 약 20만 명을 동원하여 무력 침공을 함으로써, 자유화 운동은 일시에 꽃잎을 떨어뜨리게 되었고 체크 현대사의 가슴 아픈 한 토막으로 자리 잡게 되었다. 바츨라프 광장은 국립 중앙 박물관 앞에 펼쳐진 길이 750미터에 폭 60미터로, 오스트리아 제국의 독립 선언과 구체코슬로바키아의 건국 선언 등 체크 근현대사와 함께한 역사의 현장으로 지금은 관광 명소이자 쇼핑 거리로도 유명하다.

천년의 고도 프라하에는 역사적인 유적지로 모차르트(Wolfgang Amadeus Mozart, 1756~1791) 사후 추모미사가 열렸던 성 미쿨라슈 교회(Chram sv. Mikulase), 1556년 카를 다리 앞 정면에 합스부르크가(家)의 비호 아래 프라하 성 다음가는 규모로 세워져 '거울 예배당'으로 애칭되며 아직도 종교의식이 거행되는 클레멘티눔(Klementium), 1365년 구시청사 앞에 건립된 일명 '쌍둥이 탑'으로 알려진 높이 80미터의 아름다운 가톨릭 교회 건축물인 틴 교회(Tyn Church) 등이 있다.

틴 교회 왼편에 전형적인 고딕 양식의 건축물로 14세기에 세워진 구시청사 건물 벽면에 있는 천문시계는 세로로 두 개의 원이 나란히 돌아가는 형태다. 이것은 당시의 우주관인 천동설에 기초해 천체의 움직임과 시간을 표현한 시계다. 구시청사 광장에는 자신이 만든 시계로 인해 가슴 아픈 일생을 맞이하게 된 사연의 톱니바퀴로 엮어진 일명 '구시청사 시계탑'으로 불리는 곳도 있다.

나치의 파괴 속에서도 살아남아 아직도 매 시간마다 두 개의 창문이 열리면서 작은 종소리와 함께 예수의 12사도의 인형이 하나씩 얼

지구상에서 단 하나뿐인 프라하 구시청사 천문시계

굴을 내밀고는 사라지는 아름다운 시계가 그 주인공이다. 15세기 때 카를 대학 수학 교수 하스주가 만들었다는 이 천문시계는 역사 속 슬픈 사연을 간직하고 있다. 너무나 아름답게 만들어진 천문시계를 보고 다른 도시와 국가에서 똑같은 것을 만들어 달라는 주문이 쇄도하자, 이 시계를 독점하고 싶은 프라하 시청은 똑같은 시계를 다시는 만들지 못하도록 하스주 교수를 장님으로 만들어버렸다. 너무나 슬퍼한 교수가 자신의 걸작을 다시 한 번 만져보기 위해 천문시계 탑 쪽으로 올라가서 시계에 손을 대는 순간, 시계는 그대로 멈추어버렸고, 그 후 400년 이상 조금도 움직이지 않았다고 한다. 그러나 하스주 교수의 슬픔이 풀렸는지, 아니면 자신의 한 많았던 일생을 후대에 전하고자 했는지는 몰라도, 1860년대부터 또다시 하루도 쉬지 않고 다시 울리기 시작했다고 전해진다. 이 밖에도 프라하 시내에는 헤아릴 수 없을 만큼의 관광 명소들이 미로 속에 자리하고 있어 언제 찾아도 새로운 정취를 느낄 수 있는 고풍스러운 곳이다.

'유럽의 음악 도시' 라고도 애칭되는 프라하는 슬라브 민족의 정열적인 가슴과 섬세한 감성을 음악으로 표현한 체크의 국민 음악가 스메타나와 스메타나의 그늘에 가려 결국 미국행을 선택했던 체크를 대표하는 세계적인 작곡가 드보르자크와 함께 무하의 유품들을 전시하고 있는 박물관을 비롯하여, 국립 극장과 스메타나 극장 등으로 인해 음악 애호가들에게도 인기가 높은 도시로 알려져 있다.

프라하를 논할 때에 빼놓을 수 없는 인물이 20세기를 대표하는 작가로 손꼽히는 동시에, 그 자신도 유태인이면서도 유태민족에 대해 객관적이고 비판적인 시각을 가진 지성인 프란츠 카프카(Franz Kafka)라는 존재다. 카프카의 대표작 중 『성』과 『변신』은 한국의 1960~1970년대 군사 독재 시절, 국내에 알려지면서 작품이 좌익 계통 작품으로 판정되기도 하였다. 구시가지에는 황금 세공사와 프라하 성의 일꾼들이 살고 있었기에 붙여진 '황금소로(Zalta Ulicka)'로 불리는, 동화 속의 거리에 등장하는 듯한 집들로 이루어진 좁은 길이 있다. 그 길을 걷다 보면 중간쯤에 카프카가 작업실로 쓰던 파란색 집이 있다. 체크 출신인 카프카이지만 독일어로 창작 활동을 하였기에 체크어로 된 작품은 유감스럽게도 없는 걸로 전해진다.

이와 같은 아름다운 역사 속에 자리하는 프라하 구시가지는 1989년 유네스코의 세계 문화유산으로 지정되었으며, 한 해에 1억 명 이상의 외국 관광객이 찾는 세계적인 도시이자 유럽을 대표하는 문화도시이다. 그러나 세계 6대 관광도시로서의 이면에는 체제 전환과 시장 경제로의 변화 속에 아직도 오랜 사회주의 잔재의 어두운 그림들이 뿌리 깊게 드리워져 있는 모습들을 여기저기서 바라볼 수가 있다. 관광 명소로서의 도시와 수정 자본주의화에 성공적인 발걸음을 내딛고 있는 도시로서의 매력도 갖추어 가는 프라하는 헝가리의 수도 부다페스트와 함께 동유럽에서 가장 활기찬 도시로 변모하고 있다.

예정했던 일정을 이미 많이 초과한 시점이지만 아늑함이 가득한 프라하에 얼간 더 머물고 싶은 마음도 간절하다. 하지만 여정 초반에 한 곳에 너무 많은 시간을 투자할 수가 없다. 여정의 전체 일정은 대륙의 지형과 기후, 계절 등을 상세히 조사하고, 검토한 후에 돌발사고 등을 감안하여 세운 것인 만큼, 가급적 자신을 억제하면서 일정을 크게 벗어나지 않는 게 좋다.

동화 속의 왕국

5월 24일 아침. 파벨 아저씨께 이번 여행이 무사히 끝나게 되면 내후년에 다시 한 번 들르겠다는 기약을 남기고는, 다음 행선지인 오스트리아 국경 쪽 체크 남부에 위치한 보헤미아 지방을 향해 출발했다. 목적지인 남부 보헤미아 지역 최대 도시인 체스케부데요비체(České Budějovice)까지 약 140킬로미터 거리를 민박과 캠핑을 해가며 달려 삼일째 되는 저녁 무렵에서야 겨우 도착했다.

남부 보헤미아 지방에서 관광 명소로 빼놓을 수 없는 곳 중의 하나가 체스케부데요비체 남쪽으로 25킬로미터가량 떨어진 곳에 위치한 체스키크룸로프(Cesky Krumlov)라는 작은 중세 왕국 마을이다. 체크에서 방문객이 가장 많은 곳으로 알려진 예쁘게 단장된 이곳은, 유네스코에서 지정하는 세계 문화유산으로 보존되고 있을 정도로 중세풍의 고풍스러운 마을 정취를 그대로 간직한 보헤미아 최고의 아름다운 곳으로 유명하다. 체스케부데요비체 중앙역에서 장난감 같은 두 칸짜리 전차에 앉았다. 기적 소리를 울리며 초원 속을 달리길 한 시간 가량, 동화 속 마을에 도착했다. 그다지 높지 않은 산과 산 사이의 좁고 낮은 계곡 안에 이루어진 삼각지에 꾸며 놓은 중세풍 소왕국 주위로 블타바 강이 흐르고 있는 것이 언덕 위 기차역에서 한눈에 들어온다.

5월 30일. 청명한 오월 하늘이 초원의 푸르름과 맞물려 한 폭의 수채화를 연상케 한다. 체크인의 따스함이 농축되어 세계 최고의 맥주

맛을 자랑하는 이곳을 떠나야 하는 순간이다. 무엇을 가지고 갈 것도, 남길 것도 없는 게 여정 길이지만, 달리는 시골 길에서 만난 마음이 순박한 이들과 프라하 민박집 파벨 아저씨의 인간미를 가슴속에 간직하고자 하는 집착이 생긴다. 내 이곳을 다시 찾을 그땐, 객이 아닌 내 삶의 한 부분을 이곳에서 보내리라.

오스트리아
내 모습을 통해 너를 바라보다

도나우 강을 따라

5월 30일 오후 2시경, 소박하면서도 정열적인 감성과 지성이 몸에 배인 나라 체크를 지나, 세련된 미적 감각으로 어우러진 푸른 도나우의 본고장이자 영원한 예술의 고향 오스트리아에 접어들었다. 오스트리아 입국을 위한 국경 통과는 서방 측 나라인 만큼, 옆 마을로 이동하는 것처럼 간단하다. 국경 지대라고는 하지만 무장한 병사 하나 없는, 지극히 평화로운 시골 마을 풍경이 펼쳐지고 있을 뿐이다. 이것이 선진국으로 불리는 유럽의 모습이다. 유럽은 한 가족이란 말이 새롭게 다가선다. 허리가 잘린 한반도. 섬나라가 되어버린 우리의 현실이 새삼 아픔으로 자리한다. 언젠가는 육로로 한반도에서 대륙으로 달릴 수 있는 날도 있으리라.

새파란 하늘 아래 흘러가는 구름을 실은 도나우(Donau) 강을 따라 난 강변도로에 접어들었다. 알프스산맥에서 시작한 물줄기가 만 리를 달려 흑해까지 이어지는 유럽의 젖줄과 같은 강이다. 10여 년 전 여름철 여행의 추억을 그리며 다시 찾아온 도나우. 지난해 봄 여행 때를 합치면 이번으로 세 번째 재회다. 만 년을 그저 소리 없이 묵묵히 흐르고 있는 인연과 다시 만난 느낌이다. 오랜 친구에게 그동안 담아 왔던 마음속의 그것들을 다 털어놓은 것 같은 대화가 강 속에 비친 내 자신의 모습을 통해 나를 바라보는 순간, 오고 간다.

대지는 온통 짙은 녹음으로 자리하고 있다. 생명의 색깔 속에 피워 오르는 길가의 들꽃들. 과연 '자연적'이라는 게 이토록 아름다운 것이로구나! 하는 감동이 새삼 새롭다. 자연의 한 개체에 불과한 나는 진정 인간 본연의 모습으로 살아가고 있는가? 개념의 근본부터 다시 한 번 점검해야겠다. 남이 정해 놓은 개념들을, 아무런 생각도 없이 내 기준처럼 생각하고 살아온 날들이었다. 다시 한 번 생각하면 오류 투성이인 남의 기준을, 내 사고의 틀로 삼고 있었다. 이제는 내 기준을 만들어 가자. 끝도 없는 작업이 되겠지만, 이 길이 진정 나를 위한 길이라는 것을 믿어 의심치 않는다. 내가 살아 있는 한 계속될 내 길 위에서 나를 바라보리라.

푸른 도나우 강줄기를 따라 함께 흘러가는 3박 4일 간의 대화. 무엇을 찾아 어디로 가는가? 내 자신과의 만남의 순간도 다음을 기약하며, 왈츠의 왕 요한 슈트라우스의 바이올린 3중주의 실낱같은 G선 음률 속에 빈(Wien)으로 입성하였다. 중세풍을 물씬 풍기며 저녁노을을 안고 있는 빈과의 재회다. 짧은 연륜의 인생이건만, 인연 속의 재회가 적지 않음을 내 자신 가끔 느끼곤 한다. 그만큼 맺고 살아왔음이리라.

한국 화가의 집

빈 시내를 가로질러 흐르는 도나우 강줄기를 따라 달리다 찾은 곳이, 일명 '한국 화가의 집'으로 불리는 민박집이다. 여름철 빈에서 가장 힘든 것이 있다면, 그것은 숙소 찾기와 오페라 티켓 구하기라고 할 정도로 여름에는 세계로부

금파 화백 님 부부와 함께

터 관광객들이 쏟아진다. 지난 여행 때는 숙소를 구하지 못해 빈 중앙역에서 며칠간 노숙을 하며 돌아보았다. 이번에는 무엇보다도 그리운 한국 음식이 제공되는 것을 감안하여, 한국인이 운영하는 민박집을 찾은 것이다. 10여 년 전까지만 해도 유럽에서 한국 민박집이라는 존재 자체가 거의 없었다. 그러나 지금은 숙소를 한국 민박집으로만 구하면서도 유럽 여행을 만끽할 수 있을 정도로 많은 민박집이 유럽 각지에 산재해 있다. 그만큼 많은 한국 여행자들이 유럽을 찾고 있다는 이야기가 된다.

인연! 만남이란 어느 곳에서나, 또 어느 순간에도 계속되는 것이리라. 육중한 대문을 열고 나온 민박집 주인아저씨. 한눈에도 예술가의 고집이 얼굴에 가득한 분이다. 30년간의 여행 속에서 삶과 예술의 본질을 찾아다니다가 골수에 얽힌 방랑벽을 접은 곳이 '예술의 도시 빈'이라 한다. 오랜 외국 생활에서도 한국화만을 고집해 온 금파 화백 님을 내조해 온 분, 오스트리아 태생인 금발의 모니카 부인이다.

한국 여성보다도 더 한국적인 따스한 마음을 가진 그녀는, 한국을 못내 그리워하는 남편을 위해 지난 3월 젊은 배낭족들을 위해 민박집을 열었다고 한다. 이문화異文化에 대한 사랑과 깊이 배려하는 마음이 한눈에 느껴지는 여인이다.

그리운 고국에서 온 젊은 여행자들에 대한 화백 님의 마음을 보게 된 것 중의 하나가 당신이 직접 만드는 음식에서다. 저녁을 먹고 이런저런 얘기를 하다가 김치 담그는 것을 도와드리게 되었다. 여행자들의 건강을 생각하여 벌꿀 한 통을 넣어 양념을 버무리는 것이다. 처음 만나는 고국의 인연들을 생각하여, 김치에 보살심菩薩心을 담아 꿀 한 통으로 금金치로 만드는 것은 처음 보는 일이다. 아! 대보살 님이 이 땅에도 계시는구나.

내면 깊숙이 내재하고 있는 불심佛心이 보살심으로 화化하여 예술성으로 나타난 화백 님의 작품들 역시 말문을 막히게 한다. 선 하나에도 생명감이 담겨 흥겹고 밝은 한국적 서민 생활상들을 그린 작품들, 살아 숨쉬는 작품들과 만남의 순간이다. 세계 3대 미술관을 비롯하여 지금까지 세계 각지의 수많은 미술관들에서 유명 작가부터 무명 작가에 이르기까지 헤아릴 수 없을 만큼 많은 작품들을 보아왔었다. 그러나 예술에 문외한인 내가 이처럼 직감적으로 감동을 받은 적은 많지 않다.

이런 만남에는 긴 대화가 따르기 마련이다. 2박 3일 예정으로 들른 빈이지만, 독일 날씨 만큼이나 변덕이 심한 빈 날씨를 핑계로 결국 일주일이나 머물게 되었다. 빈을 찾는 것이 두 번째인 나로서는, 뛰어다니는 관광보다도 조용히 도나우 강변을 걷거나 옛 여행길을 따라 추억의 여로를 산책하며 고도古都의 역사를 피부로 향음하는 시간들이었다. 저녁엔 홍차를 앞에 두고 화백 님과 모니카 여사와의 대화로 밤이 깊어가는 날들 또한, '빈의 숲' 속을 거니는 듯한 평온한 순간의 연속이었다.

예술의 도시 빈

유럽에서 가장 아름다운 도시 중의 하나이자 음악의 도시로 더 유명한 빈의 역사는, 13세기 말엽부터 1차 세계대전까지 약 650년간 합스부르크(Habsburg) 왕가에 의해 형성, 전개되어 왔다. 특히 1740년에 카를 6세로부터 제국을 상속 받은 마리아 테레지아(Maria Theresa) 여제 때부터, 모든 면에서 제도 개혁의 길을 걷기 시작하였다. 18세기와 19세기에 걸친 '계몽주의 전제군주' 로 불리는 프란츠 요셉 2세 통치 중에 유럽 문화의 중심 도시로서 황금기를 맞아 지금의 아름다운 빈이 형성되었다고 한다.

동서 유럽 간의 관문 역할을 하는 곳에 위치하는 연유에, 유럽 민족 문화의 혼합 문화를 형성시키는 영광의 도읍지로서의 역사를 간직한 빈. 도시 자체가 숨쉬는 박물관이라 불려질 만큼 수많은 유적들로 가득하다. 빈의 관광 명승지들은 빈을 상징하는 역사적인 건물인 슈테판스돔(Stephansdom, 성 스테파누스 성당)을 중심으로 반경 2킬로미터 안에 산재해 있다.

대표적인 것으로 12세기 중엽부터 약 200년에 걸쳐 축조된 고딕 건축 양식의 걸작품인 성 스테파누스 성당은 로마네스크 양식과 바로크 양식 그리고 르네상스 양식의 다양한 양식이 한데 어우러진 건축물로 알려져 있다. 성당 탑의 높이는 137미터나 되며, 아마데우스 모차르트가 결혼식과 장례식을 치른 곳으로도 유명하다. '카타콤베' 로 불리는 성당 지하 묘지에는 오스트리아 역대 황제들의 심장과 내장이 들어 있는 항아리를 비롯하여, 흑사병으로 사망한 2천여 명가량의 유골이 보관되어 있다.

성당 앞 삼거리는 보행자 천국으로, 빈커피의 원조인 카페와 세계적으로 알려진 쿠키나 케이크 등의 원조 상점들이 즐비하다. 길가에 놓인 테이블에 앉아 빈커피에 케이크 한 조각을 즐기면서, 세계 각지로부터 온 여행자들을 관찰하는 것 또한 빈 관광에서 빠트릴 수 없는

빈의 상징, 성 스테파누스 성당

흥미로운 부분이 아닐 수 없다. 고급 보석상과 유명 백화점들로 인해 유럽 최대의 쇼핑 거리이기도 한 이 거리 중간쯤에 날개를 단 아기 천사들로 이루어진 환상적인 우아함을 자아내는 탑이 세워져 있다. 이 탑은 흑사병으로 숨져간 빈 시민들을 기념해서 세워진 건축물로 일명 '페스트 탑'이라 불리지만, 그 아름다움은 슬픈 사연을 잊게 할 정도다.

빈이 자랑하는 것 중 하나가 과거의 합스부르크 왕가의 영화를 자랑하는 소장품들로 가득한 서른 개를 넘는 박물관들이다. 그 대표적인 곳이 19세기에 설립된 자연사 박물관(Naturhistorisches Museum)과 미술사 박물관(Kunsthistorisches Museum)이다. 마리아 테레지아 동상이 있는 광장을 사이에 두고 자리한 유럽 굴지의 예술관인 두 박물관이 보관

중인 유물들의 대부분은 650여 년에 걸쳐 유럽에 군림했던 합스부르크 왕가가 400년에 걸쳐 수집해 온 방대한 수에 이르는 세계 최고급의 수집품들이다. 그중에서도 25,000년 전에 도나우 강가에 거주했던 구석기인들이 새긴 '빌렌토르프의 비너스 조각상'과 1만 5천여 개의 다이아몬드로 만들어진 여제 마리아 테레지아의 '보석의 부케' 등이 유명하다. 오스트리아 최대의 박물관이자 세계에서 가장 훌륭한 '미술품 수집의 고향'으로 애칭되는 미술사 박물관은 그리스, 로마, 이집트의 유물들과 7천여 점에 이르는 왕가의 방대한 그림 수집품들로 가득 차 있다.

유럽 여행에서 뺄 수 없는 것 중 하나가 중세 유럽 왕가들의 화려한 궁중 생활을 상징하는 공간인 왕궁들이다. 유럽에서 가장 호화로운 궁전 중의 하나로 손꼽히는 쉔부른 왕궁(Schlob Schonbruonn)은 합스부르크 왕가의 여름 별궁으로, 프랑스 파리 근교에 자리하고 있는 루이 14세의 꿈이 담긴 베르사유 궁전에 견주어서 만들어진 호화롭고 화려한 궁전이다. 이 궁전은 단두대의 이슬로 사라진 프랑스 왕 루이 16세의 왕비인 마리 앙투아네트의 어머니 마리아 테레지아 여제의 궁전으로 1700년에 완공되었다. 신성로마제국 합스부르크 왕가의 부귀영화로 꾸며진 무려 2천여 개의 방이 그 규모와 호화스러움을 대변해 주고 있다.

구시가지 정중앙에 위치하고 있는 빈 호프부르크 왕궁(Wine Hofburg)으로 발길을 옮겼다. 이곳은 650년간 합스부르크 왕가의 사랑을 받던 왕궁으로 거의 100여 년의 세월을 들여 증축된 곳이며 오스트리아를 상징하는 건축물이다. 넓은 경내에는 오스만 터키군과 나폴레옹 군대를 무찌른 승리를 기념하기 위해 만들어진 헬덴 광장(Helden platz),

오스트리아 궁전의 화려한 승마술과 훈련하는 모습을 관람할 수 있는 곳으로 16세기 말에 카를 6세에 의해 설립된 세계에서 가장 오래된 승마 학교인 빈 스페인 승마 학교(Spanische Reitschule Wien), 그리고 보물 창고와 박물관 등이 자리하고 있다. 왕궁 건물의 일부는 현재 대통령 궁으로 사용되고 있기도 하며, 왕궁 예배당에서는 1498년에 창단된 역사와 전통을 자랑하며 세련된 미성으로 알려진 빈 소년 합창단의 성가 찬양을 매주 일요일 아침에 들을 수 있기도 하다.

왕궁 정면에 위치하는 마리아 테레지아 광장 왼쪽으로 오스트리아 최고 재판소와 빈 필름 페스티벌로 인해 전 세계 여행자들로부터 사랑을 받고 있는 19세기 말에 건립된 네오고딕 양식의 건축물인 시청사(Rathaus)가 있다. 이를 중심으로 정삼각형으로 양 날개같이 펼쳐진 오른쪽 건축물이, 1883년에 완성된 고대 그리스 신전 양식의 거대한 원형 기둥들로 형성된 아름다운 건축물인 국회의사당이다. 의사당 정면 앞에 수호신으로 우뚝 서 있는 그리스 신화에 나오는 지혜, 전쟁, 그리고 학예의 여신 아테네 상의 모습은 그리스 아테네의 아크로폴리스 언덕에 있는 여신상들을 연상케 한다. 빈은 한마디로 도시 자체가 합스부르크 왕가의 유산으로 가득한 보물창고와 같은 곳이다.

유럽 음악의 제왕 도시로 알려진 빈. 베토벤, 모차르트와 요한 슈트라우스 등 기라성 같은 음악가들이 평생 동안 작품 활동을 한 곳으로, 파리의 드 가르니에, 밀라노의 라 스칼라와 함께 유럽 3대 오페라 하우스로 알려진 빈 스타트 오페라(빈 국립 오페라극장)가 자리하고 있다. 또 한편으로 클림트, 브뤼케와 훈데르트바서 등으로 대표되는 미술의 도시이기도 하다. 즉 빈은 도시 전체가 예술 작품으로 살아 있는 예술과 문화의 전당, 그 자체라 해도 과언이 아니다.

육중한 유럽 왕가의 부귀영화로 도색된 화려함에 질식되어 버릴 것 같은 순간, 삶의 현장인 시장을 찾았다. 여름철에 유럽을 여행하는 여행자들에게 유럽인들의 검소한 생활상을 접할 수 있는 곳 중의 하나가 주말마다 열리는 중고 벼룩시장이다. 각 도시 곳곳에 펼쳐지는 벼룩시장에는, 서민들이 쓰고 남은 생활품들에서부터 짧게는 몇 십 년 전 것에서 길게는 백 년 이백 년이 넘은 골동품들을 가지고 나와 아주 싼값에 판매를 한다.

벼룩시장에서의 거래는 이익을 위한 판매라기보다 가족들과 함께 나와 준비해 온 샌드위치와 차를 마시며 자신들의 시간을 즐기면서, 관심을 보이는 고객들과 대화를 나누는 만남의 장場 역할이라 하겠다. 빈에도 시내 부근에서 주말마다 열리는 상설시장인 벼룩시장은 우리들이 생각하는 예술의 도시 빈의 새로운 면을 접할 수 있는 곳으로 유럽 서민들 특유의 순박함과 정취를 한껏 느낄 수 있는 삶의 휴식 공간이다.

슬로바키아

따스한 마음은 떠남에서 나온다

옥빛 강물

빈을 떠나는 아침(6월 10일), 하늘은 마냥 잿빛으로 가득한 채 이슬비까지 내리는 것을 보니, 길 떠나는 자를 그냥 보내기가 아쉬운 모양이다. 합장한 손으로 두 손을 꼬옥 잡으시는 금파 화백 님의 배웅 속에 30년간 여행 경력을 가진 대선배가 후배 여행자를 떠나보내는 따스한 마음이 전해 온다. 슬로바키아 수도 브라티슬라바(Bratislava)까지는 도나우 강줄기를 따라 75킬로미터가량을 달리면 된다.

빈 시내를 벗어나 초원 속의 국도 E58호선에 접어들었다. 잿빛 하늘이 서서히 개면서 도나우 강물도 본래의 짙은 옥빛을 나타내기 시작한다. 알프스 빙하가 녹아 시작되는 도나우 강 특유의 색깔이 옥빛이다. 이 짙은 옥빛은 하늘의 맑음이나 흐림과는 아무런 상관도 없는 듯 그 본래의 색깔을 변함없이 간직하고 있다. 옥빛의 선선함만큼이나 차가운 강물 또한 도나우 강의 매력이다.

화물선과 여객선이 다닐 수 있을 만큼이나 폭이 넓은 도나우 강줄기에 늘어선 수양버들 나무숲, 새하얀 구름을 이고는 유월의 태양 볕을 즐기고 있다. 수도 브라티슬라바에서 5킬로미터를 앞둔 지점에 있는 국경 검문소. 한국 여권 소지자의 경우 무비자로 3개월간 여행이 가능하기에, 출입국 도장 하나로 국경 통과 수속이 끝났다.

슬로바키아 쪽으로 들어서자마자, 갑자기 초라해진 마을 풍경이 이웃 나라 오스트리아와는 경제적으로 큰 차이를 느끼게끔 한다. 구소련의 위성국으로서 공산주의를 오래도록 경험한 나라들에서 볼 수 있는 흔적들이다. 이런 흔적들은 10여 년 전, 폴란드와 구동독 지역에서 더 심한 모습으로 자리했던 것을 본 기억이 있다.

오후 6시쯤, 도나우 강변을 잇는 거대한 다리를 건너 수도 브라티슬라바에 입성. 빈, 부다페스트와 함께 도나우 강을 젖줄로 번영해 온 무척이나 아담한 곳이다. 이곳을 찾는 것은 처음이다. 작년 봄 동구권 나라들을 여행하던 중, 헝가리 부다페스트에서 체크 프라하로 이동 때 국제열차를 타고 지나간 적은 있지만 내리진 않았었다.

우선 대학 부근에 있는 유스호스텔에 짐을 풀고 석양이 자리하기 시작하는 강변으로 나섰다. 바닷가에서 바라보는 저녁노을이 바다 넓이만큼이나 넓게 펼쳐진다면, 동서로 흐르는 강가에서의 노을은 강 길이만큼이나 길게 이어진다. 수양버들 늘어진 가지가 바람에 흔들릴 적마다, 흐르는 물결 위에 쪼개져 어리는 살아 움직이는 붉은 생명체는 보고만 있어도 그저 좋다. 찰나적 순간에도 변화를 계속하는 게 대자연이다. 이것 역시도 연속선 위에서는 지극히 단순한 자연적 흐름일 뿐이다.

저녁을 먹을까 하고는 중세풍을 고이 간직한 건축물들로 숲을 이룬 구시가지 쪽으로 발길을 옮기기 시작했다. 저녁 식사 때에는 누군가와 대화를 나누면서 여행지의 운치를 함께 느끼고 싶다는 마음이 들 때가 있다. 거리로 식탁을 내놓은 카페에 앉아 스파게티와 시원한 생맥주 한 잔을 주문했다. 역사가 배어 있는 돌 벽면에 어리는 주황빛 가로등 불빛 사이로 오늘 하루의 여독이 용해되어 가는 듯 나른하고도 아늑하다.

수난의 역사

5세기경 슬라브 민족이 정착하면서 시작된 슬로바키아(Slovakia)의 역사는, 74년 동안 지속된 체코슬로바키아 공화국에서 1993년 분리 독립을 할 때까지 900년 동안 헝가리 제국의 통치와 그 후 오스트리아(합스부르크 왕가) 제국의 통치 아래에 있었다. 이후 히틀러의 점령, 2차 대전 종전과 함께 시작된 소련의 점령과 위성 국가화 등 식민지와 침략이 겹친 수난의 역사 그 자체라 할 수 있다.

중세풍의 여운으로 가득한 브라티슬라바 시가지

유럽에서 가장 젊은 독립 국가인 슬로바키아는 현재 시장경제체제를 도입하고 있다. 하지만 계속해서 경제 성장을 거듭하는 체크와는 달리, 중화학공업 중심의 산업체제의 민영화 문제와 급격한 시장화에 대한 강한 반대 세력들의 견제, 그리고 오랜 수난을 겪은 역사의 잔재인 민족 문제 등으로 신생 독립국이 겪어야 하는 험난한 여정 위에 서 있는 게 그 현실이다.

브라티슬라바의 구시가지는 반경 500미터가량으로 아담한 중세 때의 마을을 연상케 한다. 프라하와 부다페스트처럼 잘 알려지지 않은 곳인 만큼 여행자들이 일부러 시간을 내어 들르는 곳은 아니다. 도나우 강줄기를 앞에 두고 왼편에 기원전 1세기부터 5세기까지 로마 제국의 전진기지였던 브라티슬라바 성(Bratislava Castle)이 언덕 위에 우뚝 서 있다. 현재는 역사박물관과 민속박물관으로 이용되고 있다. 이 성에서 바라보는 구시가지는 작은 왕국의 수도를 연상케 할 만큼 아기자기하고 예쁘다.

시가지 오른편에 나폴레옹과 오스트리아 황제 프란츠 요셉 1세가 프레스부르크 조약(Treaty of Pressburg, 1805년)으로 불리는 평화 협정을 맺은 프리마테 궁전(Primate's Palace), 19세기와 20세기 슬로바키아 미술가들의 작품이 전시되어 있는 미술관, 그리스 정교회 건축물 등이 옛 모습을 고이 간직한 채 자리하고 있다. 조용하면서 아늑한 느낌을 안겨주는 도나우 강변의 고도古都 브라티슬라바에서의 3박 4일은 슬라브 민족의 정체성을 고수하려고 노력하는 현지인들과의 만남과 도나우 강변에 드리워진 미루나무 그늘 아래를 산책하는 여정의 운치가 느껴지는 시간들이었다.

무지개가 걸린 국경 지대

슬로바키아의 수도 블라티슬라바를 출발하는 아침(6월 13일), 마냥 흐린 하늘에 비바람까지 약간 자리하고 있다. 세계적으로 이상기후 현상 탓인지, 요즘 유럽 각지에도 이상 현상이 계속된다. 예측할 수 없는 기상이지만, 특별한 일이 없는 한 출발을 미룰 수가 없다. 등산용 고어텍스 비옷을 아래위로 착용하고는, 하늘 색깔만큼이나 무겁게 흐르는 도나우 강변도로를 따라 출발했다.

다음 행선지인 헝가리 부다페스트까지는 도나우 강줄기를 따라 나 있는 국도를 달리면 된다. 헝가리 부다페스트까지의 200킬로미터 거리 중 약 150킬로미터를 슬로바키아 쪽 도로를 이용하는 이유는 단 하나, 교통량이 적다는 것이다. 최근 경제 발전과 더불어 헝가리 쪽의 교통량이 급격히 늘어난 탓도 있지만, 급격한 사회 인식의 변화 속에 안전 운전을 무시하고 달리는 헝가리 쪽보다는 안전하겠다는 결론에서다.

자전거에 대한 아무런 배려도 없이 총알처럼 달리는 승용차들은 그나마 신경이 덜 쓰인다. 그러나 컨테이너와 짐을 산더미 같이 실은 트럭이 바람같이 스치고 지나갈 때는 더 이상 아무런 생각도 없어진다. 슬로바키아 남쪽과 헝가리 북쪽은 도나우 강이 국경의 역할을 대신하고 있다. 국경이라고는 하지만 비무장지대와 같은 그런 느낌은 없다. 그저 한가로운 도나우 강변 풍경이 강줄기를 따라 펼쳐져 있을 뿐이다.

시내를 벗어나 초원 속의 국도에 접어들면서 잿빛 하늘이 서서히 개어 도나우

도나우 강을 앞에 두고 왕궁과 중세풍 교회들이 있는 부다 언덕

강물도 본래의 짙은 옥빛을 나타내기 시작한다. 차갑게 느껴지는 강물 위로 둥글게 다리를 수놓은 무지개 한줄기! 한참이나 넋을 잃었다. 사람들의 손에 의해 만들어진 그 어떤 보석이나 조명보다도 아름다운 자연. 이 한순간의 감동과의 조우를 위해 다시금 떠나오는 여정길이다.

헝가리
내 인생에서 의미 있는 한 부분

'친구네'

    헝가리 수도 부다페스트에 도착한 것은 브라티슬라바를 출발한 지 5일째 되는 오후다.
    강변을 따라 입성한 부다페스트. 낯익은 란치드 다리와 언덕 위 부다 왕궁이 반갑게 맞아준다. 이번으로 세 번째 찾는 부다페스트, 나에겐 정다운 곳이다. 우선 시내 가까운 곳에 위치한 한국 유학생이 운영하는 민박집을 찾았다. 한국 음식이 제공되기도 하지만, 연재 원고 작업을 하려면 컴퓨터도 빌려야 했기 때문이다.
    배낭족들을 통해 들은 '친구네'라는 민박집. 문을 열고 맞아준 주인장은 의외로 젊고 세심한 성격의 소유자로 보인다. 조그만 방 두 개에 침대도 없는 곳이지만 주인장 성품처럼 아늑함을 느끼게 한다. 집주인이 유학생인 만큼 이곳 사정들에 대해 들을 수 있을 것이고, 서로 대화도 나눌 수 있을 것이다. 10여 년 전 유럽 배낭여행 때와 작년 봄 동유럽 나라들을 여행할 때, 이미 헝가리 여기저기를 둘러보았기에 관광객처럼 뛰어다닐 필요는 없다. 개방하기 이전 모습과 그동안의 변화된 모습들을 바라보며 중간 기착지인 이스탄불까지의 여정을 준비하면 된다.

아파트 베란다에서 부다페스트 야경을 즐길 수 있는 '친구네'. 민박집을 열 때까지 요리라고는 해보지도 않은 유학생 주인장이 정성으로 만들어주는 한국 음식. 민박집이라기보다는 편안한 내 집이라는 느낌이 든다. 세계적으로 알려진 음악원에서 10년째 지휘를 전공하고 있는 주인장은 현실과 추구하는 예술성이 따로가 아닌 하나로, 자신의 삶 속에서 추구하는 예술 세계를 접목시켜 가는 그런 진정한 음악가로 보인다. 2주간 합숙 생활을 하면서 보낸 그와의 대화, 이 만남은 내 인생에 의미 있는 한 부분으로 자리하리라.

변천하는 역사

세 번째인 헝가리 방문이지만 언제나 변화하는 모습으로 반기는 듯하다. 헝가리는 정치 경제적으로 나눌 때 동유럽의 중심에 위치하며, 지리 기후적으로 유럽에 속하는 대평원으로 이어진 나라다. 이런 지리적 관계로 고대 때부터 여러 민족들이 흥망성쇠興亡盛衰를 이루어온 땅이다.

현재 헝가리인(마자르족)의 선조는 9세기 말경에 흑해 북쪽 우랄 산맥 동쪽 볼가 강 유역, 즉 중앙아시아에서 이주해 온 아시아 계통 유목민 부족이다. 로마 교황으로부터 왕관을 받아 헝가리 왕국으로 인정된 것이 서기 1000년경으로, 13세기 때 초원의 군단 칭기즈칸 몽골 제국의 서방 원정(알렉산더대왕의 동방 원정에 대비해 '서방 원정'으로 이름 붙여

보았음)을 받아 황폐화되었다. 칭기즈칸의 사망으로 제국의 계승자를 선출하는 부족 회의에 참석하기 위해 칸의 왕자들이 철군하였기에, 유럽 전체가 초토화의 위기를 모면했다고

노을 속 그 아름다움을 도나우 강에 띄우는 헝가리 국회의사당

하는 게 바람직할 것 같다. 여담이지만, 술을 좋아했던 영웅 칭기즈칸이 조금만 금주 생활을 하면서 10년만 더 살아 있었다면, 그 이후 지금까지의 세계사는 상당히 흥미롭게 진행되었을 것이다.

어쨌든 몽골군이 철수를 하는 바람에 그나마 생명부지를 한 헝가리. 14세기에 접어들어 옆 나라 오스트리아 제국 합스부르크 왕가에 버금가는 경제력을 가지면서, 15세기 때는 르네상스 시대를 꽃 피우게 되었다. 그러나 16세기 초반부터 150년간 국토의 3분의 2를 오스만 터키 제국에게, 나머지 영토를 합스부르크 왕가에 넘겨주는 불운의 역사를 맞기도 했다. 한때 오스트리아-헝가리 제국으로 불리는 이중 국가 시스템이 1차 대전까지 지속되었고, 2차 대전 중에는 나치 점령기를 거쳐 1946년에 소련의 위성국가로서 인민공화국 수립을 선언했다.

동구권 공산주의 나라들 중에서는 가장 먼저인 1980년대 후반에 개방주의 시장경제 시스템을 도입하여, 시행착오를 거듭하면서도 꾸준한 발전을 거듭하며 지금은 EU 준가맹국으로서 EU 가입에 노력을

하고 있다. 갑작스러운 정치, 경제 체제의 전환과 외국자본 도입의 홍수화가 일반 서민층의 생활에 위협을 가하는 동시에 급격한 빈부차를 낳는 결과를 초래하고 있는 것도 사실이다. 10여 년 전 개방 초기에 돌아본 헝가리와 변화한 지금의 모습과는 여러 측면에서 많은 차이가 있음이 느껴진다. 현재의 모습 또한 과도기적인 현상이기를 바라는 심정에 더해 헝가리의 밝은 미래를 기대해 본다. 아무튼 한 나라의 변화하는 모습을 통해, 한반도의 변화하는 모습을 비추어보는 기회가 되어 흥미롭다.

빈 공간

스스로 도나우 강 물귀신이라며, 떠나보내지 못하는 민박집 주인장 학형의 따뜻한 가슴. 사람이 그리워 헤어짐을 못내 아쉬워하는 그의 마음, 누구보다도 피부로 느끼는 내 자신이다. 외국 유학 생활이 15년을 넘다 보니 따뜻함을 나눌 수 있는 인간이 그리운 것은 나 또한 마찬가지다. 사나흘 예정으로 찾은 부다페스트 체류가 보름을 넘겼다. 대평원을 향해 출발하는 날 아침. 2주간의 만남이 응축된 찰나의 악수 한 번으로 다음을 기대하며 헤어졌다. 강을 따라 도시를 벗어나자, 그곳에는 끝도 없이 펼쳐진 초원이 나를 반겼다. 머물다가 떠나고, 떠남 속에 머무는 인생살이가 나는 좋다. 떠나는 아쉬움을 가슴에 묻고, 발길 닿는 그곳 그 순간에 존재할 인연들이 있는 그곳으로……. 이것이 진정한 여정이 아니겠는가!

지평선 끝까지 계속되는 헝가리 대평원. 부다페스트 시내를 벗어나면서 시작된 평원은 남으로 남으로 유고슬라비아와 루마니아 국경까지 계속된다. 혜택 받은 대지大地는 그저 바라보기만 해도 풍요롭다.

오르막길도 그러하겠지만, 대평원 속의 길 또한 내가 밟은 페달만큼이 내 거리다. 이것은 아마도 살아온 날들을 인생이라 한다면, 긴 여정 속의 한 과정이 곧 과거이고, 또 현재 내 삶의 시점이 끝도 없이 이어지는 윤회 속 곡선 위의 한 지점이자, 지나온 우리네 인생과도 같으리라.

부다페스트를 출발하여 이틀째, 저녁 9시가 지난 시간 국경도시 베케스차바에 도착했다. 이상기후 속에 때 아닌 장마철을 맞은 헝가리. 스며든 비 때문인지 땀 때문인지는 알 수 없으나 전신이 축축이 젖어 있다. 이미 어두워진 이상, 더 이상 강행을 할 수가 없다. 도시 입구에서 여인숙급 숙소를 물어보자 5킬로미터는 더 시내 쪽으로 달려야 된다고 한다. 숙소를 찾는 것은 포기해야 한다는 결론인 셈이다. 그렇다고 밤새 폭우를 맞을지도 모르는 상황에서 야외에 캠핑을 할 수도 없다. 할 수 없이 찾은 곳이 베케스차바 중앙역. 허연 형광등 불빛만이 자리할 뿐, 누구 하나 이방인을 맞는 이가 없다. 길을 나선 나그네에게는 지극히 당연한 귀결이거늘, 조금은 허한 심정이 드는 이유는 무엇 때문인지……. 국경까지 25킬로미터 남짓 거리, 내일을 위해 몇 시간만이라도 육신을 쉬게 해야 한다.

투명한 슬레이트를 이고 서 있는 역전 벤치 위에 침낭을 꺼내고 길게 누웠다. 여름철이라고는 하지만 비가 내리는 탓인지 밤바람이 꽤 싸늘하다. 그나마 비를 피할 수는 있어 다행이다. 손수건으로 안대를 하여 형광등 불빛을 막고는 얼마간 잠을 잤을까. 인기척에 눈을 뜨자 역무원이 다가오고 있다. 헝가리어로 말을 걸어오기에 영어를 할 수 있냐고 되묻지만, 대화 속에는 빈 공간만이 자리할 뿐 건널 수 없는 강을 바라보는 느낌이다: 이럴 때는 만국 공용어인 몸짓 언어(body language)가 최고다.

  손짓을 하는 역무원을 따라가 보니, 잠긴 역 대합실을 가리키며 그 안에서 자라고 한다. 자전거를 대합실 안으로 옮기자 밖에서 문을 잠그며 손바닥을 펴 5시에 깨우겠다는 신호를 하고는 돌아가 버린다. 중년을 바라보는 역무원의 따스한 마음을 느끼게 하는 대합실 안은 아늑하기만 하다. 대합실 벤치에 길게 누웠다. 피로에 지친 육신은 어디에다 뉘여도 잠에 빠져 든다. 아무런 불평도, 욕심 한 조각조차도 없다. 그저 텅 빈 공간이 내 생각과 마음에 자리할 뿐.

  꿈속에서 기차 기적 소리를 들은 듯하다. 첫 기차 기적 소리가 내 꿈속을 살며시 스치고 지나갔을 뿐이다. 잠을 깨어 시계를 쳐다보니 새벽 4시 30분. 빗줄기는 여전하다.

  밤새 끊임없이 내리는 빗줄기에, 국경을 눈앞에 두고 마냥 기다릴 수밖에 없다. 얼마를 더 기다려야 하나……. 잿빛 하늘을 바라보니 하루 종일 내릴 것 같다. 부다페스트에서 예상보다도 많은 날을 보낸 탓에 일정상 적지 않은 차질이 생겼다. 그렇다고 날씨가 맑기만을 마냥 기다릴 수도 없는데…….

  아침 겸 점심을 먹을까 하고 패스트푸드 가게에서 햄버거 하나를 사들고 비치파라솔이 있는 의자에 앉았다. 비닐을 씌운 자전거는 여전히 빗속에서 지친 숨을 허덕거리고 있다. 따끈한 햄버거를 먹고 나자 졸음이 몰려온다. 부다페스트를 떠나면서, 숙소다운 곳에서 다리 뻗고 잠을 자지 못한 피로가 한꺼번에 몰려오는 것이다. 빗속이라 아직도 꽤 춥다. 등에 떨어지는 빗줄기도 잊은 채, 몸을 웅크리고 얼마간 졸음에 빠졌을까? 어깨를 흔드는 느낌에 눈을 떠보니 금발에 천사같이 아리따운 여인이 내 눈 앞에 서 있다. 서툰 영어로 자기 가게

안에서 쉬라는 것이다. 컴퓨터 게임기 두 대를 놓은 작지만 아늑한 공간이다. 소파에 앉아서 잠시 쉬고 있는 동안에 따뜻한 홍차 한 잔을 내왔다. 비가 많이 내리니 오늘은 자기 집에서 머물고 내일 국경을 넘는 게 좋지 않겠냐는 것이다. 하루 이틀 서두를 거 없지만 이상 기후로 장마철로 접어든 지금, 비가 멈추기만을 기대하며 언제까지나 기다릴 수도 없다. 마음이야 고맙지만 길을 재촉해야 한다. 걱정스러움이 얼굴에 역력한 이름도 모르는 여인을 뒤로하고, 가슴속에 담을 만큼 작은 마을을 떠나 국경을 향해 출발이다.

헝가리와 루마니아 사이 국경에 도착하여 출국 수속을 하는 동안에도 장대 같은 폭우는 그칠 줄을 모른다. 이놈의 빗줄기는 여전히 중생 마음을 몰라주는구나! 국경 검문소 처마 밑에 쪼그리고 앉아 빗물에 젖은 연초를 말아 물고 멍하니 하늘을 바라보고 있는데, 서서히 먹구름이 걷히기 시작한다. 그래야지. 더 이상 깨질 게 없는 가냘픈 이 중생을 붙잡고 노닥거린다 해서 더 이상 무슨 재미가 있겠어. 그렇다고 머무를 수도 없는 국경선 위에서.

루마니아

 피해갈 수 없다면 새로운 계획을 세우자

피해갈 수 없는 길

 헝가리 국경을 지나, 루마니아 국경 검문소 쪽으로 이동하여 입국 수속을 끝냈다. 아무런 철책도 없는 국경 검문소에서 경찰들이 반갑게 맞아준다. 개방화와 함께 조금 더 민주화된 헝가리 쪽보다 직감적으로 관료 냄새가 느껴지지만 사람들의 소박함은 여전하다.
 처음 계획은 헝가리에서 구유고슬라비아를 거쳐, 도나우 강 남쪽을 따라 루마니아에 입국하는 여정을 선정해 두었다. 그러나 부다페스트에서 유고(세르비아) 대사관 영사와 전화로 입국 문제를 의논해 보니, 한국(남한) 여권 소지자의 경우 유고 정부 승인의 초청장이 없으면 비자 발급이 힘들다는 것이었다.
 재차 입국을 부탁하자, 여행사를 소개해 주며 의논해 보라고 한다. 여행사가 제시한 입국 방법은, 전 일정의 호텔 예약이 조건이었다. 유고 지역을 통과하려면 최소 10일은 걸릴 텐데, 하루에 100달러나

빗줄기 속 헝가리-루마니아 국경선에서

하는 호텔을 다 예약할 수도 없었다. 베오그라드(Beograd)에 있는 호텔에 2~3일 정도 예약을 해두고, 10일 통과 비자를 받을 수 없겠냐고 사정도 해보았다. 그런데 원칙상 호텔 예약일 만큼의 날짜밖에 비자를 발급하지 않는단다. 루마니아 정중앙을 동북에서 서남으로 1,500킬로미터 걸쳐 있는 2,000미터급 카르파티아 산맥(Carpathian Mts.)을 피해 가기 위해 유고 평원을 계획에 넣었던 것이다. 이제 카르파티아 산맥을 넘어가야 한다. 더 이상 피해 갈 수 없는 상황이 현실로 다가왔다. 며칠을 루마니아 지형 지도를 펼쳐놓고 분석에 분석을 더한 결과, 산맥과 산맥 사이를 흐르는 강줄기를 발견하고는 국도가 있음을 확인했다. 한 번 지나가는 여행자보다도 그곳에서 평생을 살아가는 사람들이 더 불편할 것이므로 반드시 산맥을 피해 넘을 수 있는 도로는 있기 마련이다. 그리고 자연의 형태란 산이 있으면 반드시 물(계곡)이 있는 지형으로 이루어져 있다.

산악지대가 이어지는 산맥에 잘못 접어들었다가 빼도 박도 못하는 상황에 처해 버린다는 것은, 지난해 중동 횡단 때 터키 산악지대에서 뼈저리게 경험한 바가 있다. 엎친 데 덮친 격으로 이상기후 현상으로 때 아닌 장마철로 접어든 지금, 산맥을 정면으로 치고 나간다는 것은 무모하기 짝이 없는 일이다. 아직 여정이 많이 남아 있고, 중앙아시아 사막과 겨울철 톈산 산맥을 횡단해야 하는 힘든 여정을 앞둔 시점에서 눈앞의 조그만 것에 승부를 걸 수는 없다.

루마니아 카르파티아 산맥의 흐름은 지난 루마니아 여행 때 산세가 아름다워 눈여겨보았었다. 그렇기 때문에 유고 쪽으로 우회를 하여 루마니아 남쪽 평원으로 도나우 강줄기를 따라 우회해서 들어가는 계획을 세웠던 것이다.

다행히도 루마니아 국경을 통과하자 빗줄기는 조용해지고 하늘도 갰다. 교통량이 적은 국도를 선택하여 국경을 통과하여 국경 마을을 벗어나자, 헝가리 대평원의 연장선이다. 국경에서 30킬로미터가량 떨어진 마을에 도착하여 숙소를 물어 조그만 민박집을 소개 받았다.

집시와 견공

산맥지대에 접어들기까지 100킬로미터가량은 강변을 따라가는 평지임을 지형 지도로 알 수 있다. 이제부터가 본격적인 루마니아 횡단의 시작이다.

다음 날 아침 여명이 밝아올 때쯤, 대평원으로 접어들자 양쪽으로 지평선 끝지점에 산줄기가 달리는 것이 보인다. 달리면 달릴수록 점점 다가오는 산줄기다. 도로 저편 평원에는 이동을 하며 방목업을 하는 집시들의 텐트와 이동 마차에 말과 양 떼들이 한가로운 풍경화 속에 자리하고 있다. 집시들이 손을 흔들며 달려오지만 멈출 순 없다. 그들과 만나게 되면 많은 집시들 속에서 문제가 발생할 수도 있고, 때로는 생명에 위협을 느끼는 사건들이 생길 수도 있기 때문이다.

경제적으로 어려운 그들에겐 외국인 여행자란 반가운 잔칫밥이 아닐 수 없다. 허허벌판인 대평원에서 안전 문제에 부딪혀도 누구 하나

도와줄 사람이 없다. 설령 지나가는 차가 어려운 지경을 목격한다 하더라도, 보복이 두려워 모르는 척 회피해 버리는 경우가 대부분이라고 한다. 이런 경우는 루마니아를 여행해 본 사람들이 공통적으로 하는 이야기다.

루마니아를 여행하려는 사람이 가장 먼저 조언을 받는 것은, "도시나 시골 어느 곳에서나 나타나는 개들과 집시들을 조심하라!"는 것이다. 반늑대화된 광견병에 찌든 개들은, 4년간의 인도 생활과 지난 중동 횡단 때 뼈에 사무치도록 경험했다. 야생에 가까운 이곳 개들의 경우 달리는 것이라면 무엇이든지 상관 없이 따라 붙는다. 한두 마리도 아니고 사나운 개들이 달려들 땐 자전거 속력으로는 도저히 피할 수가 없다. 광견병에 걸린 개들은 한마디로 눈에 보이는 게 없는 야수들이기에 자전거 여행 때 최대의 강적이다. 그래서 헝가리 대평원을 벗어나면서 루마니아 횡단을 위한 준비로 가벼운 나무 막대기를 찾아, 자전거 받침대를 겸해서 신변 안전을 위해 준비해 놓았었다. 목검인 셈이다. 동경 유학 때 목검 사용하는 법을 조금 익힌 것이 적잖이 도움이 된다. 10여 마리 개가 한꺼번에 달려들 땐, 목검 이상 좋은 방법이 없다. 어느 여행지에서나 텃세를 부리는 불량배들을 가끔 만난다. 하지만 머리를 깎고 수염을 기른 동양인이 목검을 쥐고 있는 것이 일본 영화에 나오는 미야모토 무사시 정도로 보이는지, 아예 시비조차 걸어오질 않는다.

집시들에 관해서는, 지난해 루마니아 여행 때의 잊혀지지 않는 경험으로 그 정도를 일고 있다. 지난해 봄, 그리스 아테네에서 이스탄불을 거쳐 동유럽 나라를 여행할 때 루마니아에 들렀었다. 루마니아라는 나라 이름보다도 더 알려진 게 있다면, 그것은 드라큘라 성城이

퇴색된 색감이 더욱 정취를 느끼게 하는
루마니아의 한 중소 도시 거리 풍경

다. 여행 중에 만난 일본 여행자와 함께 일명 드라큘라 성(Dracula's Castle)으로 불리는 브란 성(Bran Castle)의 기점인 브라쇼브(brasov)라는 관광도시를 찾았을 때의 사건이다.

브라쇼브에서 30킬로미터가량 남쪽에 있는 드라큘라 성을 보고 숙소로 돌아오는 시내버스에서 일이 벌어졌다.

루마니아에 프로급 집시들이 많다는 사전 정보를 입수하고 있었기에, 긴장을 하면서 이동을 할 때였다. 전기로 다니는 낡은 시내버스에 올라타는 순간 뭔가 낌새가 좋지 않아, 나는 사람이 없는 버스 뒤로 가서 등을 창문에 붙인 채 사람들의 접근을 방지하는 자세를 취했다. 문 앞 입구 쪽 의자에 예쁘게 옷을 입은 인도계 얼굴을 한 여자 아이가 나를 바라보고 있는 것을 느끼고는, 먼저 웃음을 지어보이자 아이도 따라서 해맑은 웃음을 보내왔다. 그런데 버스에 함께 올라탄 일본 여행자가 사람들에 둘러싸여 입구 쪽에서 움직이지 못하고 있는 게 보였다. 숙소 근처에 도착했음을 확인하고 일본 여행자에게 내리자며 눈짓으로 신호를 하고 내리는 순간, 사람들 사이에서 빠져나오려는 일본 친구가 지갑이 없어진 것을 깨닫고 서둘러 내리는 집시의 목덜미를 잡고 지원 요청을 해왔다. 뒷문을 박차고 내린 나는, 일행인 듯한 사십 대 남자의 목덜미를 잡고 움직이지 못하게 팔을 꺾고는 일본 친구한테 무슨 일이냐고 묻자, 아니나 다를까 지갑을 넣어둔 바지에 칼자국과 함께 지갑은 온 데 간 데 없다는 것이었다.

　버스 정류소에서 실랑이가 벌어지자 지나가는 사람들이 모여들기 시작했다. 그래서 "폴리짜이, 폴리짜이(경찰)!"하며 지원을 요청했지만 누구 하나 도와줄 생각을 안했다. 계속해서 저항을 하는 두 남자 집시를 끌고 경찰서로 가려는데, 일행으로 보이는 네다섯 명의 집시가 빈 맥주병을 들고 우리를 에워싸는 것이었다. 문제가 커질 상황이 되어버린 것이었다. 이미 날치기 당한 지갑은 다른 집시에게 넘겨버렸는지 아무리 뒤져봐도 없었다. 있을 리가 만무하다. 밀고 밀리는 사이에 좁은 골목길로 접어들었고, 결국 집시들은 우리 둘을 에워싼 후 맥주병을 깨고는 죽일 듯이 위협을 해왔다. 문제는 싸움이라고는 한 번도 안 해본 일본 친구를 데리고 6대 2로 목숨을 걸어야만 하는 상황이 되어버린 것이었다. 여행 중에는 밤낮을 떠나 어떤 위급 상황이 벌어질지 모르기에, 항상 호신용으로 쌍절곤을 휴대하고 다닌다. 집시와 상대해서 여기서 죽을 순 없다. 쌍절곤을 빼들고는 일본 친구를 내 등 뒤에 서게 하는 순간, 병이 내 쪽으로 날아왔다. 급히 피하면서 병을 든 집시의 어깨를 내리쳤다. 모든 게 순간적으로 일어난 일로 어깨를 맞은 집시가 쓰러지면서 비명을 질렀고, 이를 본 다른 집시들은 위협 자세만 취할 뿐, 더 이상 공격을 못하는 사이에 몽둥이를 든 다른 집시들까지 합류했다. 여기서 이렇게 시간을 지체하다간 빌어먹을 드라큘라 성 부근에서 뼈를 묻을 수밖에 없겠다는 판단이 섰다. 일본 친구는 겁에 질려 움직이지도 못했다. 나는 집시들이 적은 쪽 골목으로 쌍절곤을 휘두르면서 일본 친구와 함께 겨우겨우

대로 쪽으로 벗어났다. 그러자 집시들도 더 이상은 쫓아오지 않았다.

좁은 골목에서 많은 숫자에 둘러싸이면 백 퍼센트 살아남기가 힘들다는 것은, 지금까지의 여행에서 몇 차례 경험한 적이 있다. 그래서 그곳 지리를 모르는 여행지에서는 낮이든 밤이든 사람들이 그다지 다니지 않는 골목길은 피해서 다닌다.

지나가는 사람들을 붙들고 경찰서를 찾아 자초지종을 설명하고, 형사기동대와 함께 현장으로 가서 수소문을 해보았다. 결국 허사였다. 경찰차로 골목을 돌아 나오는데, 나중에 모여든 집시 중에 있었던 것 같은 한 청년을 발견하고는 경찰에게 얘기하자, 그 자리에서 바로 그 청년을 체포해서 함께 경찰서로 돌아왔다. 조서 작성을 위해 영어로 현장 상황을 쓰고 있는데 경찰이 들어와서는, 체포된 집시가 자백을 하긴 하였는데 소매치기의 경우 현장에서 증거물과 함께 검거를 하지 않는 이상은 구속이 힘들고, 또 이번 집시들은 다른 지방에서 원정차 온 범인들로 이미 도시를 빠져나간 것 같다는 것이었다. 결국 보험 처리를 할 수 있게끔 도난증명서만을 발급 받고는 돌아왔다.

다행히 여권과 카드 및 현금은 복대 속에 넣어두었기에 여행에 큰 문제는 없다는 일본 친구에게, 좋은 경험했고 조금 비싼 수업료 지불했다고 생각하라면서 등을 다독거려 주었다. 3년이란 장기간 동안 세계를 여행 중이던 이 일본인 친구도 나름대로 여행에는 프로임에도 불구하고 결국 집시들한테 당한 것이다. 돌아오는 길에, 버스 입구 자리에 앉아 있던 어린 소녀가 보낸 미소의 뜻을 그때서야 겨우 알아차렸다. 지금도 그 의미 깊은 미소가 잊혀지지 않는다.

불가리아
선입견은 작은 문제를 일으킨다

혼동된 코리아

해변가에서 늦게까지 잠을 자고는 바마베체를 떠나 2킬로미터 전방에 있는 루마니아와 불가리아 국경 검문소에 오전 9시에 도착했다. 그런데 국경을 통과하기까지는 한 시간 이상을 기다려야 했다. 출입국 관리소에서 문제가 발생했기 때문이다.

문제는 루마니아 검문소에서 북한 여권과 남한 여권을 혼동하여 생긴 결과다. 한국 여권 소지자의 경우, 루마니아 역시 무비자로 3개월간 여행이 가능하도록 정부 간에 협정을 맺고 있다. 여행자들이 주로 이용하는 공항이나 국제 열차가 통과하는 지점의 국경검문소 경찰의 경우, 그나마 한국 여행자들을 접할 수 있어 북한과 남한 여권을 쉽게 구별한다. 문제는 바닷가 시골 국경검문소에, 그것도 자전거를 타고 나타난 코리아(Korea) 여행자, '얼마나 경제적으로 어려웠으면 자전거로 육로를 통하여 고국에 돌아가려 하는지……' 라는 생각이 들었을 것이다. 텔레비전 뉴스에 비친 북한의 기아 현상 등, 북한 경제의 어려움에 대한 선입관이 그들을 혼돈스럽게 했으리라. 한 시간가량을 기다리게 한 뒤, 여권을 가지고 와서는 아무런 문제가 없으니 통과하라면서 출국 도장을 찍어주는 것이다. 직무에 충실한 그네들을 바라보는 것도 나쁘진 않다. 그들을 혼돈스럽게 한 이유에는 이쪽의 책임도 있다. 여권을 두 개 가지고 있었기 때문이다. 구여권에 더 이상 비자나 출입국 도장을 찍을 여백이 없어 얼마 전에 여권 연장을 해서 새로운 여권을 가지고 다녔다. 구여권이라곤 하지만 다른 나라의 체류 비자가 아직 살아 있는 점과 연장하기 이전 여권을 지참하고 다녀야 하는 점이 있기에 어쩔 수 없었다. 이런 내 사정이 겉으로 볼 때 이중 여권 소지자로 비쳤을 것이다.

루트 변경

국경에서 발칸반도 쪽 흑해 연안의 최대 항구도시인 바르나(Varna)까지 120킬로미터를 꼬박 이틀을 달려 겨우 도착했다. 지형적으로 언덕과 오르막이 계속된 것도 있지만, 자전거 뒷바퀴 살이 한꺼번에 아홉 개나 부러지는 사고가 생겼다. 불행 중 다행으로 몸을 다치진 않았으나, 21단 기어 톱니 발이 달린 뒷바퀴인 만큼 도중에 수리를 할 수도 없다. 자전거가 단순한 물건인 것 같지만, 기어 톱니 뭉치 안쪽은 아주 정밀한 기술로 만들어져 있어, 전문가와 부속품이 없으면 처음부터 손을 안 대는 게 좋다. 바르나에서 자전거 수리를 끝내고 이스탄불까지 가기 위해 전체 재정비를 끝냈다.

바르나를 출발하여 도시 크기만 한 호수를 뒤로, 앞으로는 흑해를 바라보는 자그마한 현대풍의 도시 부르가스(Burgas)까지 가는 도중에

바르나 시내의 황금색 지붕이 유난히도 인상 깊은 러시아 동방정교회 건축물

펑크가 두 번씩이나 났다.

분명 바르나에서 자전거 수리를 맡겼는데 싶어, 타이어 안쪽을 아무리 살펴봐도 가시나 유리 조각이 박힌 흔적이 없다. 두 번째 펑크는 석양이 저만큼 다가올 때쯤이다. 이제 숙소 문제를 어떻게 해야 하나 하고 생각하며 달리는 중이었는데, 짐을 풀고 수리를 시작하면 물 공급도 안 되는 국도 위에서 야영에 들어가야 한다. 짐을 싣고 있는 상태로 자전거를 뒤집어놓고는, 뒷타이어를 빼고 빠른 동작으로 타이어를 살펴보았으나 역시 아무런 문제도 찾을 수가 없다. 혹시나 하고 자전거 휠 안쪽의 고무 덮개를 떼어내고 자세히 보니, 날림 공사를 해놓은 것이다.

자전거 휠을 잡아당겨 균형을 유지하고 무게 분배를 시키게끔 고정시켜 놓은 살이 여러 개나 뾰족하게 휠에서 튀어나와 튜브에 닿게끔 조여 있지 않은가. 분명히 장기 여행이니 수리를 잘 부탁한다고 했거늘……. 튜브를 때우려면 물도 있어야 하고 시간적으로도 여유가 없다. 이럴 때를 생각해서 준비해 온 비상용 튜브를 갈아 끼우고는 바퀴살도 어느 정도 늦추고 우선 출발을 했다. 자전거 뒤에 실은 짐무게로 휠이 휘어버릴 수도 있다. 그렇지만 지금으로서는 선택의 여지가 없다. 어차피 이스탄불에서 전체적으로 부속품도 바꿔 끼워야 하고 재수리도 해야 한다.

기어가도 이스탄불까지만 가자! 해변 내리막 도로를 달리는 중에

'방 있음'이란 독일어 간판이 보였다. 들어가서 물어보니 가격이 생각보다 비싸다. 휴양지이고 철이 여름철인 만큼 어쩔 수 없는 노릇이다. 주인장을 붙들고 가지고 있는 현금이 얼마 없으며, 이런 곳에서 더 이상 현금인출도 할 수 없는데 어떻게든 터키 국경까지는 가야 된다며 사정 설명을 했다. 그러자 반값에 머물러도 좋다며 선심을 베푸는 게 아닌가. 주인집 아이들도 자전거를 끌고 나타난 이방인이 신기한 듯 아주 호의적이다. 방은 베란다에서 흑해를 바라볼 수 있는 곳으로 보름달에 가까운 둥근달이 바다 수면을 은 조각으로 수놓는다. '얼마 안 있어 하안거 해제로구나! 사월 초파일에 출발하였으니 내 자신의 자전거 하안거도 해제할 때쯤인데, 이번 철에는 무슨 공부를 얼마나 하였는가? 이스탄불에 입성하면 중간 점검을 해야겠다.'

민박집 가족들도 친절하고 주위 경치도 좋아, 며칠 쉬면서 자전거 수리라도 하고 싶은 심정은 간절하다. 하지만 수중에 있는 현금으로는 하루를 더 머물면 국경을 벗어나기 전에 어려움을 맞게 될 게 분명하다. 누군가 말했듯이 "인연이란 아쉬울 때 떠나는 게 좋다."

다음 날 아침, 민박집을 출발하여 얼마를 달리자, 이번엔 기어가 고장이 나버렸다. 바닷가 산속에 난 도로라 오르막과 내리막의 변화도 심하였고, 그만큼 횟수도 많은 산악 지대에서 아닌 밤중에 물벼락을 맞은 꼴이 되어버린 것이다. 내리막이야 아무런 문제가 없지만, 조금의 오르막 경사만 있어도 내려서 끌어야 하는 지경이다. 기어 고장으로 출발할 때마다 몇 번이나 헛페달을 밟고서야 겨우 정상 페달로 바뀌니, 목이 말라도 어디 잠시 멈추는 자체가 귀찮아졌다.

"아! 멀고 먼 이스탄불……." 지난 두 번의 여행 때 만난 터키 친구들이 이스탄불과 앙카라에서 벌써 한 달 전부터 기다리고 있다. 매번 보내오는 메일마다 언제 도착하느냐고 물어온다. 앙카라에서 변호사로 활동 중인 할림(Hallim)이란 친구는 금년 초부터 여름휴가를 맞출 테니, 독일을 출발할 때 꼭 연락하라고 몇 번이나 메일을 보내왔었다. 예정보다 한 달이나 늦어진 상태에, 루마니아에 접어들면서부터는 소식을 전할 피시방도 찾지 못했다. 이런 상황이다 보니 기다리는 사람은 기다리는 사람대로 나는 나대로 마음이 편치가 않다. 또 이스탄불에서 칠월 중순에 인연이 되면 다시 만나자던 여행자들은, 기다리다 못해 귀국을 하거나 다른 여행지로 떠난다며 메일을 보내왔다. 이러고 보니 나에겐 이스탄불 입성이 정말 멀고도 멀게만 느껴질 뿐이다. 그래, 앞일을 약속하지 말았어야 되는데, 사람을 좋아하다 보니 만나는 사람마다 또 만나고 싶고, 헤어지기 싫어서는 며칠이고 출발을 연기하곤 한다. 옛 큰 스님들께서 "인심人心이 많으면 도심道心이 멀어진다."라고 하셨는데 하나도 틀린 점이 없구나!

　일주일이면 완주할 수 있는 400킬로미터 거리를 고전을 면치 못하는 나날 속에 11일간에 걸쳐 불가리아 해변 도로 횡단을 무사히 끝내고, 7월 30일 오전에 터키의 국경 마을 말코 타르노보(Malko Tarnovo)에 도착했다. 내 자신 중생이기에 고난 속에 달려온 루마니아와 불가리아 산악지대였건만, 이제 떠나려 하니 고생했던 것은 다 잊혀지고 아쉬움이 가슴 한곳에 자리한다. 돌아서면 잊어버리는 이 중생이 나는 좋다. 그렇지 않다면 두 번 다시는 자전거 여행은 않겠다고 몇 번이나 다짐하면서 달려왔던 지난해 여름 중동 횡단 여행 이후, 또다시 이번에는 유라시아 대륙 횡단이란 철없는 일은 벌이지도 않았을 것이다.

3 흑해 연안의 국가를 통해

마음아, 마음아, 서두르지 마라!
그 누가 기다린다고 이토록 발걸음을 재촉하느냐.
불빛을 찾으면 또 다음 불빛을 찾아 떠나야 한다.
······그래 천천히 가자.

이스탄불

🖊 육체의 아픔은 더 이상 고통이 아니다

멀고 먼 이스탄불

드디어 터키에 입국이다. 민둥산 아래로 난 구릉지가 계속해서 이어지지만 불가리아 해변같이 기복이 심한 산악 지대는 아니다. 습기를 동반한 팔월 초의 무더위에 숨이 막힐 지경이다. 꼭 1년만이다. 지난해 팔월 자전거로의 중동 횡단 때, 이 무더위 속에서 육신을 가지고 지옥을 경험하는 듯한 고생을 맛보았었다.

숲으로 이어진 유럽의 산들과 다르게 민둥산에 돌산이 끝도 없이 이어지고 있을 뿐이다. 뜨거운 태양열이 흡수되지 않고 바로 지면으로부터 반사되어 대지를 불덩어리같이 달군다. 피부라고는 단 한 부분도 노출을 시킬 수 없다. 화상을 대비해서 긴 팔에 긴 바지를, 얼굴에는 면으로 만든 것으로 차도르처럼 내려 쓰고 선글라스까지 착용했다. 여름철 중동의 사막은 그나마 건조하므로 이런 복장으로도 달릴 만하다.

그러나 이곳은 북쪽으로 흑해와 남쪽으로는 지중해를 접하는 지리적 위치로 인해 여름이면 습도가 80~90퍼센트까지 올라간다. 이런 기온과 날씨 속에 끓어오르는 국도 위를 달리는 기분이란 말 그대로 화탕지옥 속을 달려가는 느낌이다. 추위도 그러하지만 더위 속에서도 속도가 빨라질수록 체감 온도는 몇 곱절을 더한다. 흘러내린 땀으로 눈이 따갑지만 내가 상관할 일이 아니다. 내 육신이 느끼는 고통이지 내 마음의 고통은 아니기에.

인간이 느끼는 고통은 두 가지로 나눌 수 있으리라 생각되는데, 하나는 마음의 고통이요, 둘째는 육신의 고통이다. 마음과 육신의 고통을 자세히 분석해 보면, 한 인간 안에서 이루어지고 있는 작용이지만 서로 관계성을 갖고 있지 않다는 것을 알 수 있다. 마음이 괴롭다 하여 육신이 반드시 그만큼 고통스러운 법도 아니다. 또 육신의 고통이 곧 마음의 고통을 의미하지도 않는다. 마음의 고통이 집착의 결과인 번뇌에서 형성되고 전개된다면, 육신의 고통은 현상적인 육신의 감각 기관을 통해 느끼게 된다. 일반적으로는 마음의 고뇌가 육신의 아픔으로, 또 육신의 아픔이 마음의 고뇌로 이어지는 연관성을 가진다고 생각한다. 그러나 엄격히 말하면, 마음과 육신은 다른 개체이고 본래는 아무런 관계도 없는 법이다.

우리들이 겪는 육신의 고통 또한, 어느 정도까지는 고통의 발생 이전부터 조절이 가능하다. 물론 마음의 고통은, 전적으로 그 개인에 의해서 생겨난다는 것은 누구나 알고 있는 사실이다. 이렇게 보면 마음과 육신의 고통이란, 그 개인 자신의 문제로 돌아가게 된다. 이 고통들이 고통이 아님을 인식하고 고통이란 문제로부터 벗어나는 방법론은 단 하나, 고통이란 문제를 결과라는 고통으로 바라보고 괴로워

할 게 아니라, 문제로 부상된 고통이란 결과를 거꾸로, '그 과정은? 또 그 원인은?' 하는 식으로 고통을 분석해 들어갈 때 고통에서 벗어나는 해결의 길이 보이는 것이다. 마음의 고통이란 특히 이런 과정들을 통해 극복될 수 있고, 육신의 고통 또한 병원을 찾아가면 치료라는 방법론이 찾아지는 법이다. 고통이란 문제의 원인을 찾아가고 또 치료하고 재발하지 않도록 끝없이 노력하는 과정이, 내게는 수행이란 개념으로 이해된다. 무더위 속에 던져진 내 육신의 감각의 변화를 관찰하는 날들이 계속되지만, 이 중생의 마음은 그래도 이스탄불을 향해 달리는 자전거 속력보다도 더 빠르게 치달리고만 있다.

동서양의 역사와 문화가 교차하는 이스탄불 블루 모스크 앞

8월 3일 정오쯤, 마르마라 해협과 이스탄불 해협이 맞닿는 지점에 있는 이스탄불에 입성! 함부르크를 출발하면서 중간 기착지로 정해 두고 달려온 3개월간, 내 마음속의 이스탄불은 정녕 멀고 먼 곳이었다. 지구상 도시 가운데에 어느 곳보다도 인간 시장人間市場이라는 따뜻한 느낌을 안겨주는 이곳을 나는 무척이나 좋아한다. 지리적으로 유럽과 아시아가 맞닿은 이스탄불, 그 지리적인 여건으로 인류 역사에 그 이름을 깊숙이 각인해 놓고, 지금도 동서양 역사의 흐름 속에 그 현장으로 자리하는 곳이다.

역사의 현장 – 이스탄불

이스탄불! 언제라도 새롭고 정다운 곳. 사람들의 삶과 역사가 미래로 향해 고동치는 생동감을 물씬 풍기는, 고대와 현대가 동시에 숨쉬는 곳이 아닐 수 없다. 이런 이스탄불인 만큼 많은 배낭족들을 침몰 (배낭족들의 용어로 한 곳에 장기간-몇 개월씩-체류하는 것을 의미하는 단어. '잠수'라는 단어보다도 한 단계 강한 표현)시키는 매력과 아늑함을 간직하고 있으면서도 정확히 그 정체를 형언하기 힘든 도시다.

이스탄불은 유럽과 아시아의 두 대륙에 속해 있는 세계 유일의 도시이며, 흑해와 마르마라 바다(에게 해 쪽 바다)를 연결하고 있는 아름다운 이스탄불 해협을 사이에 두고 유럽 쪽과 아시아 쪽(아나톨리아, 아시아 대륙에 속하는 터키 대부분의 지역을 칭함) 둘로 나누어져 있다. 이스탄불 해협은 일명 보스포루스 해협이라고도 하는데, '소의 여울'을 뜻하는 보스포루스는 그리스 신화의 주신主神인 제우스의 연애 사건 중에서 그 어원이 유래하였다.

터키 민족이 이주하기 오래전부터 세계사 속에 등장하는 이스탄불은 기원전 10세기경부터 아크로폴리스 시대와 다리우스 왕이 이끄는 페르시아 제국의 지배를 거친 후, 4세기경 동로마 제국의 콘스탄틴 대제에 의해 콘스탄티노플로 명명되었다. 동시에 대진국大秦國으로 중국의 사서史書에 그 기록이 남아 있고, 한때 실크로드의 서쪽 기점으로 번성했던 역사를 또한 간직하고 있는 곳이다.

제4차 십자군 원정(1204년)에 의해 완전히 초토화된 콘스탄티노플은 1453년 투르크(터키)족에게 정복됨에 따라 오스만 제국의 수도로 약 480년간(1453~1922) 이슬람 문화를 꽃 피우는 등 문명 교체가 이루어진 곳이기도 하다. 제1차 세계대전 직후(1923년) 터키 공화국이 수립

되면서 수도가 앙카라(Ankara)로 옮겨졌고, 1930년에 이스탄불이라는 이름으로 공식 개칭되었다. 지금은 세계적인 무역 도시로서의 역할을 담당하는 한편 중세 이슬람문화의 고풍스러움을 고이 간직하고 있는 관광도시로서 한 치의 위용도 떨어뜨림 없이 자신을 가꾸어 가는 도시다.

이스탄불의 역사만큼이나 수많은 고대와 중세 시대의 유적들은 블루 모스크 주변 2킬로미터 내에 산재해 있다. 이를 보려고 세계의 관광객들이 줄을 잇고 있다. 세계 유수의 박물관 중의 하나로 알려진 이스탄불 고고학 박물관에는 동방 원정 도중 끝없는 희생을 부르는 원정을 포기하고 돌아오는 길에 바빌론(지금의 이라크 지역)에서 말라리아에 걸려 그 파란만장했던 인생을 마감한 알렉산더대왕의 시신을 담았던 석관을 비롯하여, 소크라테스와 아리스토텔레스와 같은 그리스를 대표하는 철학자들의 대리석 동상 등 그리스, 로마, 페르시아 시대의 유물들로 가득하다.

마르마라 해를 건너 아시아 대륙을 바라보는 바닷가에 오스만 제국의 영화가 담긴 술탄의 궁전(Topkapi Sarayi)이 있다. 15세기 중엽의 건축물로 현존하는 오스만 터키 제국 때의 건축물 중 가장 규모가 크며 화려한 궁전으로 알려져 있다. 특히 관광객들의 관심을 끄는 궁전 안에 설치되어 있는

비잔틴 건축과 이슬람 건축 양식이 어우러진 모스크

블루 모스크 내부

보석 전시관은 일명 오스만 제국의 부富의 저장고로 불리기도 한다.

이스탄불을 떠올릴 때, 누구나 도시의 상징처럼 생각하는 건축물이 일명 블루 모스크(Blue Mosque)로 불리는 술탄 아메트 모스크(Sultan Ahmet Mosque)이다. 그 이명에서 알 수 있듯이 '푸른색 회교 사원'이다. 사원 내부 뒤쪽 벽을 뒤덮고 있는 2만여 개의 푸른 무늬들의 타일 장식과 건물 중앙 돔(Dom)에 나 있는 수백 개의 창문에서 들어오는 빛이 어울려 순간순간 마치 가는 선의 푸른 생명들이 붉은 카펫 위에서 살아 움직이는 것 같은, 형언할 수 없을 만큼 황홀한 장관을 연출해 내는 데서 블루 모스크라는 별칭이 유래했다. 얼핏 보기에 무슨 난공불락의 요새처럼 크고 작은 계단식 회색 돔 지붕을 하고 있는 이 사원은, 이슬람 건축 예술 최고의 걸작품으로 손꼽힌다.

17세기 초반에 불과 7년 만에 건축된 블루 모스크는, 세계에서 유일하게 여섯 개의 첨탑을 갖는 회교 사원으로도 알려져 있다. 보름달 속에 드러난 블루 모스크는 이슬람적 정취로 가득한 한 폭의 그림이다. 저녁 무렵 블루 모스크 앞 벤치에 누워 지중해와 흑해에서 불어오는 바람을 느끼는 순간이란 한마디로 환상이자, 여행이란 감동의 세계 속에 내가 떠 있음이 느껴지는 시간이다.

이 밖에도 블루 모스크를 정면으로 바라보는 비잔틴 시대 건축물인 성 소피아 성당(Aya sofya), 그리고 금 14톤과 은 40톤으로 내부 장식을 하여 화려하기가 프랑스 베르사유 궁전을 능가하며 나폴레옹 3세 부인, 오스트리아 황제 프란츠 요셉, 독일 황제 빌헬름 2세 등 세계적인 저명인사들이 머물렀던 것으로도 유명한 돌마바체 궁전(Dolmabache Palace) 등 이스탄불은 수많은 유적지와 건축물들이 자리하는, 마치 역사 속의 박물관과 같은 도시다.

이스탄불은 지난 역사의 유적지들만 남아 있는 곳이 아니다. 서민들의 생동감이 흘러넘치는 곳으로, 아라비안나이트(천일 야화)에 등장하는 지붕들로 이어진 중동 특유의 스크(Suq, 시장)로, 5천여 개의 상점들이 몇 킬로미터나 되는 미로같이 이어진 단층 터널 형식의 건물 안에 들어서 있는 일명 그랜드 바자(Grand Bazaar)로 불리는 카파리 찰시(Kapali Carsi, 지붕을 덮은 시장) 시장과 한국의 남대문 시장과 같은 이집시안 바자에서는 중동과 아랍 문화를 한껏 느낄 수 있는 생생한 문화의 현장이다.

이러한 중세 이슬람풍의 고도古都이자 1,500만 인구를 자랑하는 인간 시장 이스탄불이 노을 속에 어리는 모습은 말 그대로 한 폭의 그림 그 자체였다. 백만 불짜리로 알려진 홍콩의 야경도, 프랑스 파리의 센 강의 야경도 감동을 더하기엔 충분하지 못했던 기억이 있다. 그러나 이스탄불의 석양은 아름답다는 감동의 표현을 넘어 느껴지는, 기체도 액체도 아닌 그 무언가가 있다. 한마디로 인간과 역사가 자연스럽게 몸에 배어 있는 현장이다. 이와 같은 이스탄불인 만큼, 고독한 여행으로 여독에 쌓인 여행자들에겐 몸과 마음을 쉬게 하는 고향과도 같은 곳이다. 또 여행 중 자신과의 대화 속에서 찾아오던 답인 자신의 존재 의미를 다시 한 번 인식케 하는 그런 철학적 삶의 현장이기도 하다.

이런 까닭에 몇 번씩이나 찾게 되는 이스탄불이지만, 언제나 새롭고 아늑한 느낌을 갖게 된다. 그저 눈이라는 비디오를 가지고 있을 뿐, 아무런 내 생각을 요하지 않으며 있는 그 자체로의 '이스탄불과 내'가 함께 존재할 뿐이다. 아마도 역사의 소용돌이 속을 걸어온 이스탄불이 몸에 익힌 체질 같은 게 번뇌도 망상도 다 접어두게 하는, 그런 흐르는 시간 속에 존재하는 내 자신을 바라보게 하는 듯하다. 그저 조용히 이스탄불 앞 바다를 바라만 보며 내 자신도 이스탄불 체질처럼 되고 싶건만……. 인연의 재촉으로 이제는 움직여야 한다.

터키
약속된 만남을 향해 가는 인생길

우연한 만남 - 인연

지난해 여행 때 우연한 만남으로 좋은 인연을 맺은 친구 할림(Hallim)이 앙카라(Ankara, 터키 수도)로 오라고 연일 재촉 메일을 보내오고 있었다. 1년 전부터 약속된 재회다. 중간 기착지인 이스탄불인 만큼, 다음 행로인 중앙아시아 나라들에 입국을 위한 까다로운 비자 준비와 처리해야 할 일들이 산더미 같다. 시간을 요하는 일들인 만큼 내 마음대로 하루 이틀에 끝나질 않는다. 그렇다고 내 준비만 하면서 마냥 기다리게만 할 수도 없다. 대충의 세부 계획과 일을 진행만 시켜놓고는 앙카라로 향했다. 이스탄불에 돌아와서 다시 출발을 해야 하기에 자전거와 장비들은 숙소에 맡겨두고는 조그만 배낭 하나만을 준비했다.

앙카라까지는 500킬로미터. 지난해 이스탄불에서 카이로까지 자전거로 중동 횡단을 할 때, 땀을 뿌리며 달리던 내 자신을 되돌아보자 새삼스럽게도 뭔가 모를 향수가 전신을 휘감는다. 지나온 고된 인생 길을 회상할 때의 느낌이 이럴 것이다.

여기서 할림과의 인연에 대해 조금 언급해야겠다. 지난해 자전거로 중동을 횡단할 때, 앙카라를 150킬로미터 정도 앞두고 해발 1,500미터 정도의 산속을 달리고 있었다. 그런데 갑자기 뒤 타이어에 펑크가 나 버렸다. 이미 사방이 어둑어둑해져 가고 있어 펑크를 처리할 시간적 인 여유도 없고 해서, 가까운 마을이라도 발견할 수 있기를 바라면서 자전거를 끌고 가는데 불빛 하나가 저만치에 나타났다. 가까이 가보 니 몇 개의 건물과 정원으로 포근한 느낌을 주는 별장이었다. 정원에서 식사를 하고 있던 가족들이 있어 사정 얘기를 하고는 집 주변에 텐트를 치게 해달라고 했다. 식사 중이던 가족들은 그러지 말고 별채가 비어 있으니 머물라고 권유했으며, 그 호의를 받아들이면서 인연이 시작되었다. 시리아 입국을 위한 비자 취득을 하기 위해 앙카라에 들렀을 때도, 그의 집에 머물면서 일주일가량 그의 가족들과 함께 시간을 보냈었다.

할림은 앙카라에서 변호사로 활동하는 사십 대 초반으로 독실한 무슬림(Muslim, 회교도)이다. 그는 종교나 민족을 떠나 한 인간으로서 존경심이 우러나는 성품을 지니고 생활을 하는 사람이다. 그와 함께 있는 동안 많은 것을 느끼고 배울 수 있는 좋은 시간들이었고, 얼마간 여행도 함께했던 사이다.

이런 인연으로 우리는 재회를 약속했었고, 1년이 지난 지금 다시 만나는 것이다. 할림은 이번 여행의 출발지인 함부르크를 떠나기 전부터 여름휴가 동안 가족과 함께 여행하자고 메일을 보내왔었다. 이스탄불 도착이 생각했던 것보다 한 달가량이나 늦어진 관계로, 할

림은 나에 대한 걱정과 함께 자신의 여름휴가를 한 달가량이나 연기하면서까지 자전거로 달려오는 친구를 기다린 것이다.

저녁 늦게 앙카라에 도착하여 그의 집을 찾았다. 호인 같은 성품에 해맑은 얼굴을 가진 그를 다시 만나는 것은 나에게도 큰 기쁨이다. 그는 이미 여행 계획을 세워놓고 있었다. 내가 돌아보지 못한 터키 동부 지역을 중심으로, 유적과 자연 경관에 관심이 많은 나를 생각하여 상세한 루트 선정을 해놓고 있는 것이다.

거지 같은 복장에 자전거로 여행하는 사람에게, 단 한순간의 만남으로 이렇게까지 마음을 베푸는 그를 보면서, "인간은 스스로 구원하는 자만이 구원을 받으리라!"는 성서의 진리를 향한 실천이란 맥락을 떠올려본다. 분명 우리들 사이엔 우리가 기억하진 못하지만, 전생에서부터의 소중한 인연이 있을 것이다. 금생에 한 친구는 무슬림으로, 또 한 친구는 불교 출가 수행자로서 서로 다른 종교와 다른 문화 속에서 태어나 살아가고 있지만, 이 현상적인 형태나 모양이 뭐 중요하겠는가! 진리의 길에 방법론을 다르게 할 뿐, 같은 지구촌에서 같은 시대를 살아가는 너와 나 사이에, 이념과 종교의 현상적인 이론에 집착할 필요가 어디에 있으며 무엇을 위해 차이를 따지겠는가!

종교의 발생을 문화적, 역사적 현상으로 바라볼 때, 사람이 먼저 생기고 종교가 생긴 게 아니겠는가. 누구를 위한 종교며, 또 그 누구를 위한 믿음인가? 그것은 우주에 존재하는 모든 생명들을 위함이고, 또 인간을 위함인 동시에 내 자신을 위함이리라! 부처님이나 예수님, 마호메트와 같은 성인들 말씀의 본질을 잘 이해하면 너와 내가 친구로서, 가족으로서 이 지구상에서 함께 살아갈 수 있는 법이다.

할림이 세운 여정에 내 자신 다시 한 번 꼭 가보고 싶은 곳 두 곳을 추가함으로써, 우리들의 여행 계획이 완성되었다. 잊지 못할 두 곳, 그곳은 소금 바다와 카파도키아(Cappadocia)다. 앙카라에서 이틀을 머물고는 올해 대학에 입학하는 큰 아들 압티(Apti)와 고등학생이 되는 둘째 아들 아메트(Ahmet)를 동반한 우리는, 할림의 승용차로 앙카라에서 150킬로미터가량 동남쪽에 위치한 소금 바다를 향해 새벽녘에 출발을 했다.

은빛 세계

분지 형태인 앙카라를 둘러싸고 있는 산등성이를 넘자, 지평선 끝까지 펼쳐진 광활한 대륙 속의 대평원이 누런 황토색 단색으로 자리한다. 아무런 색이나 형태의 변화도 주지 않는 단조로움의 극치인 이 대륙의 모습을 나는 무척이나 좋아한다. 그저 바라만 볼 뿐, 현상적인 인간의 감각에서 오는 아름답다거나 수려하다거나 하는 느낌을 추구하질 않는다. 단조로움의 극치를 통해 감정의 파도를 잊어버리고, 내 자신마저도 마냥 단조로워지는 순간이다. 차창에 머리를 기대고 얼마간 무념無念에 빠져 있는데, 할림이 손가락을 가리키며 소금 바다에 다 왔음을 알렸다. 지난해에도 우리 넷이 이 자리에서 아쉬운 이별을 하며 다음을 기약했던 곳. 이별의 자리가 새로운 인연이 시작되는 자리이기에 우리들에겐 의미 깊은 곳이다.

소금 바다로 불리는 이 거대한 호수는, 직경 100킬로미터나 되는 육지 안에 존재하는 바다와 같은 호수다. 지구상에 크기로 따지면 이만한 호수는 얼마든지 있지만, 소금 바다로 불려지는 호수는 몇 곳 없는 걸로 알고 있다. 꼭 겨울에 눈으로 덮인 끝도 없이 펼쳐진 새하얀 광야를 바라보는 느낌이다. 바다라는 이름을 갖고는 있지만, 여름철엔 물기 하나 없이 하얀 소금 덩어리가 두터운 얼음판같이 펼쳐져 있는 곳, 수분이 증발돼 버린 바다!

지난해의 핑크빛 다이아몬드와 같은 소금의 결정체로 이어졌던 은빛 평원이, 올해엔 새하얀 부드러운 눈꽃처럼 얇은 층을 이루며 우리를 반기고 있다. 바싹

은백의 소금 바다에서 친구 할림 가족과 함께

바싹 부서지는 소리를 느끼며 소금 위를 얼마간 걷다가 주변을 돌아보자, 사방이 때 묻지 않은 새하얀 단색으로 존재한다. 바로 눈앞에 펼쳐진 대자연의 이 경이로운 현상을 인간의 말로 다 표현할 수 없는, 그런 순간이다. 마치 만화 영화나 동화 속 세계에서나 그려지는 상상 속의 신비로움과 같은 그런 느낌이다.

이 아름다운 소금 호수, 어느 여행안내 책자에도 소개되어 있지 않은 게 이상할 정도다. 여름철, 특히 7월 중순에서 8월 중순 사이에 터키를 여행하는 경우, 교통편이 조금 불편하더라도 꼭 한 번 찾기를 바란다. 힘들게 들르는 곳이겠지만, 아마도 후회하지 않으리라 생각한다. 이 같은 대자연의 경이로움은 지구상에서도 몇 안 될 것이다.

다음 행선지는 고대 7대 불가사의 중의 하나로 손꼽히는 넴루트 (Nemrut) 산 유적지다. 할림의 설명은 유적지도 유명하지만 일출이 장관이므로 꼭 보여주고 싶다는 것이었다. 이 지역은 앙카라에서 약 1,000킬로미터나 동남쪽으로 떨어진 곳으로 터키 유수의 관광 명승지

이기도 하다. 교통편이 불편한 관계로 배낭여행자들의 경우 큰마음을 먹고 찾는 곳이다. 그러나 그만한 가치가 충분히 있는 곳이다.

넴루트 산에서 100킬로미터가량 떨어진 아드야만이라는 도시에 밤 10시경에 도착했다. 이곳까지 800킬로미터는 대륙의 지형으로 4차선 고속도로가 대평원과 산맥 사이로 이어져 있다. 시속 200킬로미터로 운전하는 할림이건만, 뒤 좌석에 앉은 아이들은 인터넷을 밤새 만지고 있더니만 세상모르게 잠에 곯아떨어져 있다. 아이들이 잠든 동안, 우리는 그동안 서로가 지내온 이야기들을 나누면서 다가오는 차선을 응시했다.

마주 보며 대화를 나누는 것도 좋지만, 옆에 나란히 앉아 같은 방향을 바라보며 공통의 사물과 풍경, 즉 하나의 공간을 앞에 두고 나누는 대화는 아주 평온한 느낌이 든다. 지나온 이야기를 나눌 때 더욱 좋은 것 같다. 유럽의 경우, 날씨가 좋은 여름철이면 경치가 아름다운 곳에서나 거리에 테이블을 내 놓은 찻집이나 레스토랑 같은 곳에서, 또 집 안 정원에서 나란히 앉아 시간을 즐기는 사람들을 많이 접할 수 있다. 마주 보고 있을 땐 뭔가 계속되는 대화가 필요하지만, 나란히 앉아 있을 땐 대화의 여백 속에서도 아무런 불편함도 없이, 자신의 시간과 공간을 가질 수 있기에 함께 있으면서도 서로가 자기 세계를 누릴 수 있는 것 같아 좋다.

세계 7대 불가사의

다음 날 새벽 3시에 기상하여 아이들을 깨우고는 준비를 서둘렀다. 넴루트 산까지 산길 100킬로미터를 일출 전에 달려야 하기 때문이다. 달리는 사방이 칠흑같이 어두운 만큼 밝게 빛나는 별들이 아름답다.

산 아래서 해발 2,159미터 정상 바로 앞까지의 길을 치고 올라가는 느낌은 거의 자동차 경주 수준이었다. 짙은 어둠 속의 산길에서 한순간 까딱하면 저 세상에서 일출을 보아야 하는 게 아닌가 싶을 정도였기 때문이다.

정상 아래에 도착했을 때, 일출까지는 얼마간의 여유가 있어 보인다. 정상에는 일출을 보기 위해, 전날 산장에서 자고 등반한 관광객들이 동쪽 하늘을 향해 즐비하게 앉아 있는 모습들이 보인다. 산과 산이 물

넴루트 산 정상의 신전

결처럼 펼쳐진 동쪽 하늘 끝에서 떠오르는 태양! 주변에 붉음이 퍼져 가는 순간순간들. 형언할 수 없는 아름다움이다. 지극히 짧은 이 감동을 위해 목숨을 걸고(?) 달려온 셈이다. 그러나 후회보다는 진한 감동으로 가슴이 벅차오르는 순간이다. 이런 감동은 지난해 이집트 시나이 반도를 여행하면서 시나이 산에서 일출을 바라볼 때 느꼈던 적이 있다. 동쪽 메카 방향에서 중동의 어두운 그림자를 몰아내며 서서히 떠오르는 뜨거운 불덩어리와 같은 태양! 그것은 한마디로 감동 그 자체였다.

넴루트 산 정상은 해발 2,159미터로 정상은 지름 150미터에 높이 50미터의 봉분封墳으로 이루어져 있다. 봉분은 자갈로 뒤덮여 있어 그 안의 형태를 알 수 없다. 신비의 베일 속에 잠들어 있는 것이다. 지금

으로부터 2,000년 전 그 고대 때 해발 2,000미터가 넘는 산 정상에 이와 같은 거대한 봉분과 신전을 만들 수 있었다는 게, 후대 사람들에겐 불가사의처럼 느껴지는 부분이리라.

안티오코스 1세의 묘로 추측되는 봉분 동쪽에 세워진 신전에는 지진으로 신들의 두상들이 땅바닥에 굴러 떨어져 있다. 이들은 그리스 신화에 등장하는 아폴론, 제우스, 헤라클레스와 안티오코스 1세를 조각한 것들이다. 신전은 좌우로 두 마리의 독수리가 수호하고 있는 형태를 갖추고 있다. 봉분의 서쪽에도 신상들이 즐비하고, 동쪽보다 비교적 상태가 좋은 것들로 육안으로 식별이 가능한 비문과 신상의 두상들이 군집해 있다. 서쪽 신전은 두 마리의 사자가 신전을 수호하고 있는 형태로 동쪽 신전은 부계父系 조상들이, 서쪽 신전엔 모계母系 조상들이 모셔져 있다. 고대 유적지이지만 아무런 철조망도 쳐져 있지 않기에, 직접 손끝으로 전해 오는 고대의 정취를 느낄 수 있는 곳이기도 하다.

이 넴루트 산 주변 유적지 일대는 국립공원으로 지정되어 있어 돌아볼 곳이 산재해 있다. 이곳뿐만 아니라 터키 각지에 남아 있는 고대 그리스 로마 시대의 유적지들은 보존 상태가 좋고 다양하다. 그리스 로마 시대 유적에 관심이 많은 이들에겐 터키와 중동 일대에 남아 있는 유적지들은 놓칠 수 없는 것들이다.

성지 순례의 진정한 의미는……?

카파도키아까지 할림과 함께 돌아본 이후, 혼자 얼마간의 여정 길에 올랐다. 셀주크에서 9킬로미터 떨어진 해발 420미터 높이의 산 정상에 있는 성모마리아 생가를 참배하기 위해서다. 아침에 등반 준비를 하고는 나오는데, 머물고 있는 숙소 식구들이 가파른 산이니 관광버스나 택시로 갔다 올 것을 권했다. 내 다리로 직접 다녀오겠다고 고집을 피우자, 그러면 승용차로 데려다 주겠으니 내려오는 길만 걸어서 오면 되지 않겠냐며 설득 작전을 전개하기 시작했다. 그들의 배려와 성의는 고맙지만 그럴 순 없다. 내 자신 가톨릭이나 개신교와는 아무런 관계도 없는 사람이다. 그러나 죽은 아들을 가슴에 안고 천 리 길을 노구에 피신해 오셨을 성모마리아 님을 생각할 때, 차마 차에 앉아서 다녀올 정도의 후안무치는 아니다. 마리아 님이 10여 년간 생활했던 그곳까지, 당신께서 노구를 이끌고 거닐었을 그 산줄기를 내 발로 걸어가서 참배를 하는 게 길을 추구하는 자의 최소한의 예의가 아니겠는가.

바다와 접하는 셀주크에서 초가을 태양을 머리에 이고서 세 시간에 걸친 등반은 마리아 님께보다도 내 자신에게 더 좋은 시간이다. 굽이를 돌면서 얼굴을 내비치는 푸른 가을 하늘이 그대로 담겨져 있는 에게 바다. 마리아 님도 바다 건너 예루살렘을 떠올리며 십자가에 못 박힌 아들 예수를 잊지 못했을 것이다. 성지로 향하는 산길, 헤아릴 수도 없이 많은 관광버스와 택시들. '분명 성지 순례차 오는 사람들이 대부분일 텐데, 성지란 무엇이며 어떤 곳을 말함인가……?' 하는 의문을 떨쳐버릴 수가 없다.

저 사람들의 행동에도 무슨 이유가 있을 것인데……. 죽음을 앞둔 예수님이 왜 다른 유언도 아니고, 어머니 마리아 님을 사도에게 부탁했던 유언("여자여, 보소서 아들이니라." "보라, 네 어머니다." -〈요한복음〉 19:26~27)을 남겼는지, 또 그 어머니는 어떠한 심정으로 천 리 길을 걸으셨는지 정도는 최소한 생각해야 하는 것은 아닌지…….

터키 셀주크의 성모마리아 생가

성모마리아 생가는 아름드리 느티나무 옆에 조그만 사각형 돌집으로 재현되어 있다. 입구에 줄지어 선 참배객들은 집 안에 마련된 마리아 상 앞에서 무릎을 꿇고 가슴에 십자가 한두 번을 긋고는, 밖으로 나가서 기념사진 찍기에 여념이 없다. 입구에 마련된 촛대에 촛불 하나를 밝혀두고 합장 반 배를 올리곤 밖으로 나왔다. 집 앞에서 정면을 바라보니 나무 사이로 저만치에게 바다가 은빛 조각으로 빛나고 있다. 서향으로 앉은 작은 돌담집은 오후 내내 햇살이 자리하는 위치로, 병풍처럼 감싸 안고 있는 집 뒷산에서 불어오는 가을바람이 선선하다.

계단을 막 내려오려는데, 웬 사람들이 이렇게 줄지어 있는가 싶어 쳐다보니, 생가 바로 아래 있는 성수聖水가 흘러나오는 곳에서 성수를 물병에 가득 담고는 몇 번이고 손으로 받아 마시고 있다. 성모의 눈물을 마신 그대들에게 성모·성자·성신의 축복이 있으라! 정상에서 내려오는 오후 한나절, 에게 해에서 불어오는 바람이 땀방울과 내 마음의 허탈함을 씻어준다.

이제, 이스탄불로 돌아가야만 한다. 남은 여정을 위한 마지막 준비를 해야 한다.

흑해 연안
🌿 순수함을 찾고 싶어 하는 방랑자

실크로드를 향해서

터키 남쪽 해안에 접해 있는 에게 해와 지중해 연안에 산재하는 유적들은 다음 기회로 남겨둔 채 이스탄불로 돌아왔다. 아직도 여정이 많이 남아 있기에, 한 나라에서 너무 오래도록 머물러 있을 수가 없다. 다시 돌아온 이스탄불엔 우즈베키스탄 비자를 받기 위해 신청해 놓은 초청장이 도착해 있다. 두세 번째인 유럽 나라들을 달리는 것은 소풍 정도로 생각하고 있었다. 그러나 처음으로 찾는 카프카스(Kavkaz) 지역 나라들과 구소련 연방으로부터 최근에 독립한 중앙아시아 나라들에 대한 기대감이란, 이번 여행에 상당히 큰 부분을 차지한 게 사실이다.

최근 여행자들 사이에 아시아 대륙 횡단은 하나의 유행이다. 대부분의 여행자들이 남로南路, 즉 인도, 파키스탄, 이란, 터키로의 코스를 선정한다. 이와 반대로 북로北路, 즉 중국, 중앙아시아, 카프카스 3국,

터키로의 코스는 아직은 그렇게 일반화된 코스는 아니다. 소위 실크로드(Silk Road)로 불리는 이 코스가 개방되기 시작한 것 자체가 최근에 들어서이다. 구소련 연방이 붕괴되면서 신생 독립을 이룩한 나라들이 대부분인 지역인 만큼, 연방 시절에는 물론 최근까지 일반 여행자들에게 문호가 열려 있지 않았었기 때문이다.

독립한 지 10여 년을 맞은 지금까지도 구소련 시절의 시스템이 많이 남아 있는 나라들인 만큼, 비자를 받기 위한 까다로운 절차와 외국인들에게 적용되는 특별 요금, 그리고 단 하루를 머물러도 현지 경찰에 외국인 등록을 해야 하는 등의 번거로운 요소들이, 일반 배낭여행자들에겐 가까이 하기엔 너무 먼 당신과 같은 나라들로 인식되기 때문이다.

그렇지만, 여행자들이 많이 찾지 않는 이런 나라들일수록 상업주의에 때 묻지 않은 순수함이 많이 남아 있다. 그러기에 더욱 찾고 싶어지는 게 역마살이 골수에 박혀 있는 방랑자들의 속성이자 공통점이다.

앞으로의 코스에 해당하는 나라들에 대한 현지 사정, 지형, 비자 관계 등의 상세한 분석과 준비 절차를 끝냈다. 불가리아 해안 산악 지대에서 완전히 망가진 자전거 기어를 새 것으로 교체하고, 겨울 산악용 타이어와 혹한에도 견딜 수 있는 이중으로 된 알루미늄 바퀴 등 자전거 몸체만 남겨 놓고는 완전히 새 단장을 했다. 짐도 고심에 고심을 다해 줄일 수 있는 한 최대한 최소화시키고는 출발만을 남겨둔 셈이다.

"앉아 있는 방석(자리)이 따뜻해지기 전에 떠나라."는 게 옛 큰스님들의 가르침이다. 육신을 가진 중생이란 서 있으면 앉고 싶고 앉으면 눕고 싶어지기 마련이기에, 출가 수행자들의 안일해지려는 마음을 경계함에서다.

여행은 긴장감!

무슬림이 대부분인 터키에도 9.11테러 사건에 대한 보복으로 미국의 아프간 침공이 임박해 있는 시점에서 전쟁 문제로 온 나라가 떠들썩하다. 달리는 시골 길가에서 만나는 사람들마다 전쟁에 대한 두려움을 안고 살아가는 모습들이다. 전쟁의 기류가 흐르는 하늘 아래를 향해 달리는 기분이란 씁쓸하다. 지난 여행 때 터키 내륙 쪽 도로로 달렸기에, 이번에는 흑해 연안으로 이어진 도로를 선택했다. 항상 바다를 친구 삼아 달리는 느낌이란, 가을 하늘을 담은 흑해의 푸른 파도 빛처럼 청정해지는 것 같다. 삼순(Samsun)을 거쳐 국경도시이자 흑해 연안(터키 쪽) 최대 도시인 트라브존(Trabzon)까지 약 1,000킬로미터를 보름에 걸쳐 달렸다.

터키에서의 인연들로 인해 생각보다도 여정이 늦어진 만큼 조금 서두르지 않을 수 없다. 언젠가는 겨울을 맞아야겠지만, 겨울이 다가오기 전에 조금이라도 거리를 좁혀둘 필요가 있다.

흑해까지 이어지는 산맥 끝자락 비탈진 경사 지대에 형성된 트라브존, 근처에 수멜라(Sumela) 수도원을 비롯하여 비잔틴 시대 건축물들이 몇몇 남아 있을 뿐, 현대 감각의 고층 아파트들이 산 정상 부근까지 이어진 현대화된 도시. 이곳에 있는 그루지야(Georgia) 영사관에서 2주간의 여행 비자를 발급 받았다. 이틀거리만 달리면 그루지야에 입국할 수 있다. 구소련 위성국에서 최근 독립한 후 계속해서 내전이 벌어지고 있는 카프카스 지역을 앞두고, 말할 수 없는 묘한 긴장감이 전신을 휘감고 있다. 독일을 출발하여 터키까지의 유럽 나라들은 최소 두세 번씩 가본 나라들이었기에 특별한 어려움은 없었다.

누구나 그러하듯, 처음 찾는 나라에 대해서는 묘한 긴장감을 느끼

터키-그루지야 국경선에서

거나 기대감을 갖는 것 같다. 그것도 신생 독립국에, 아직도 내전이 끊이지 않아 정세가 극도로 불안한 나라일 경우 피부로 느끼는 긴장감은 절정에 달한다. 무슨 일이 벌어질 줄 모르기 때문이다. 그만큼 정보가 부족하고, 신문이나 방송을 통해 들려오는 소식은 사건 사고가 대부분이기 때문이다.

여행이란 일종의 이런 긴장감을 즐기기 위해서 떠나는 것인지도 모른다. 일상적인 생활에서 느낄 수 없는 느낌을 맛보려는 호기심 같은 게 늘 가슴속에 웅크리고 있는 듯하다. 이러한 충족감을 추구해서 몇 번이고 위험을 무릅쓰면서도 새로운 문화와 사람들이 살고 있는 나라들을 찾아 떠나는 것이 여행이리라. 뿐만 아니라 새로운 나라들에서 자전거로의 여행이란 긴장감과 더불어 자전거 숨소리와 내 심장의 고동 소리를 피부로 느끼는 여행이다.

정다운 인연들을 뒤로 하고, 터키를 떠나려니 아쉬움과 그리움이 자리한다. 언젠가 꼭 다시 한 번 더 오리라. 터키여! 고마워.

그루지야

　따뜻한 마음은 헤어짐의 순간을 기쁘게 한다

어둠 속의 주행

터키 쪽 국경도시 트라브존을 출발해 이틀째 날 석양이 흑해에 잠길 때쯤, 터키와 그루지야 사이의 국경에 도착했다. 국경 검문소는 바닷가 도로를 차단하고 몇 개의 건물이 있을 뿐 의외로 한가하다. 터키 쪽의 간단한 수속을 끝내고 국경선을 막 지나려는데 세관 직원이 불렀다. 이미 세관은 아무런 짐 검사도 없이 통과를 했는데 싶어 돌아보니, 다가온 세관원 이야기가 지금 그루지야 정세가 극도로 불안하니 조심하라는 당부다. 또 엊그제 이곳에서 100킬로미터 떨어진 흑해 상공에서 러시아 국적 유태인들을 태운 전세기가 공중 폭파돼 추락했단다. 아무래도 그루지야와 국경을 접하는 체첸 쪽에서 발사된 지대공미사일에 의해 격추된 듯하니, 아무쪼록 체첸 국경 지대 아래쪽으로는 안 가는 게 좋을 것이란다. 떠나는 순간까지 따뜻한 당부를 잊지 않는다. 터키에서 보낸 많은 시간들이 다시금 떠오르는 순간이다.

경계선을 지나 그루지야 국경선을 넘어서자, 소련제 AK-2 소총으로 무장한 군인들이 웃으면 반갑게 맞는다. 자전거로의 외국인 여행자인 만큼 그들로서도 반가운 것이다. 여권을 입국 검사대에 넣고는 영어를 모르는 군인들과의 대화이지만, 간단한 얘기들인 만큼 손짓 발짓으로 이야기를 나눠보았다. 구소련의 위성국가들에서만 볼 수 있는 소련제 붉은 군대 제복에 각모자를 착용하고 있지만, 웃는 얼굴에서 풍겨 나오는 느낌이 순박한 시골 아저씨 같아 좋다. 염려했던 것보다 부드러운 그루지야의 첫인상에 안도감이 맴돈다. 입국 수속은 의외로 간단하였다. 국경 검문소를 나오자, 바깥은 서서히 저물기 시작하고 있다. 국경에서 가장 가까운 도시인 바투미(Batumi)까지가 20킬로미터가량이다.

10월 6일 밤 11시, 바투미 시에 입성하였다. 시내는 그나마 불빛이 있어 달릴 만하나, 여행안내 책자에 나오는 숙소를 물어봐도 아는 사람이 아무도 없다. 시내에서 가장 싼 숙소를 물어보니 20달러씩이나 한다. 구소련은 물론 주변 위성 국가로 소련 체제를 도입하고 있던 나라들에서는, 외국인이 머물 수 있는 숙소는 한정되어 있다. 요금 또한 외국인들에게 적용되는 숙박요금으로 현지인 가격보다도 다섯 배에서 열 배가량이나 비싸다.

우선 시내에 접어든 이상, 노숙도 가능하기에 조금 더 노력을 기울일 필요가 있다. 오늘은 대충 자고 내일 아침에 다른 숙소로 옮길 수도 있지만, 장기 여행인 만큼 단 하룻밤도 무리를 할 수가 없다. 호텔 카운터에서 끈질기게 버티고 다른 숙소를 물어보자, 민박집이 있는 것 같으니 소개해 주겠단다. 외국 여행자가 거의 찾지 않는 도시이기에 민박이라는 개념도 전무한 상태다. 그나마 수도 같은 대도시에는 외국인 배낭여행자들을 상대로 한 민박집이 몇 군데 있기는 하다.

데려다 준 민박집에 도착하니 벌써 밤 12시다. 가격은 생각보다도 많이 저렴한 2,500원가량이다. 아무튼 다행이고 늦은 시간까지 도와준 호텔 직원이 고마울 뿐이다. 땀투성이가 된 상태라 샤워 시설을 물어보니 그런 것은 없고 우물가에서 찬물로 씻으란다. 화장실도 1970년대 한국 시골의 화장실 구조로 전기가 없어 촛불을 들고 들어가야 한다. 아무렴 어떤가! 찬물이든 간에 샤워를 할 수 있고, 어둠 속에 그윽한 향기까지 가득하지만 집 부근에서 일을 마칠 수도 있다. 밤중에 도착하였건만, 민박집에서 음식을 내오고 직접 담근 포도주 단지까지 가져온다.

외국 손님이 왔으니 축하를 해야 한다면서 이웃집 사람들까지 데리고 왔다. 점심을 빵 하나로 때우고는 물만 마시면서 달려왔지만, 어둠 속을 달리면서 배고프다는 감각도 잊은 지 오래다. 민박집 가족들은 러시아어로 이쪽은 영어로 나누는 대화지만 서로가 충분히

구소련 시절의 영웅 스탈린과 레닌의 사진을 들고 기념 촬영을 하는 민박집 사람들

이해할 수 있다. 인간과 인간 간의 대화이기 때문이다. 포도주 단지 하나를 다 비우고서야 피곤한 사람을 붙잡고 있다며 주인아주머니께 꾸중을 들으며 집 안으로 들어가시는 주인집 아저씨의 뒷모습이 무척이나 정답다.

어둠의 도시 트빌리시

10월 12일 저녁 6시, 그루지야 수도 트빌리시(Tbilisi) 외곽에 입성. 새벽 6시 어둠이 채 가시기 전에 악명 높은 스탈린의 고향 마을 고리(Gori)를 출발하였으니 90킬로미터를 꼬박 12시간 동안 달려온 셈이다. 내려다보이는 수도 트빌리시는 흐린 하늘만큼이나 무거운 잿빛 도시다. 어둠의 도시 루마니아의 수도 부쿠레슈티에서 받은 인상과도 흡사하다. 아니, 더 무겁게 느껴진다. 해가 짧아진 계절이라 오후 6시만 되어도 주위가 어두워진다. 짙은 회색빛 먹구름을 이고 있는 하늘 탓인지 그 스산함이 더하다.

계속되는 내전으로 인해 난민들로 가득한 트빌리시 시내의 이베리아 호텔

가로등도 없는 도시 외곽 지역이라 더 이상 자전거로 달릴 수가 없다. 민박집 주소를 보여주며 길을 물어보나 의사소통이 될 리가 만무하다. 저쪽에서 먼저 답답했던지 손짓으로 따라오란다. 데려다 주겠다는 의사 표시다. 시내에 접어들자 그나마 불빛이 보이고 길도 나타난다. 도로변에 나무 상자를 탁자 삼아 야채 몇 단만을 올려놓고 앉아 있는 중년의 여인들이 끝도 없이 늘어서 있다. 고된 삶을 이어가는 표정들이 역력하다. 어느 나라에서든 배고픈 서민들에겐 더 이상의 선택권이 주어져 있지 않는 현실이다.

청년을 따라 민박집에 들어서자 몇몇 외국 여행자들이 반갑게 맞아준다. 한 시간가량이나 길을 찾아 헤매면서도 이곳까지 데려다 준 청년이 고마워, 담뱃값이라도 하라며 얼마를 건네지만 악수를 청하고는 어둠 속으로 사라져버렸다. 고마운 친구다.

다음 행선지에 대한 정보를 수집하고 자료를 얻기 위해선 배낭족들이 머무는 숙소만큼 좋은 곳이 없다. 무엇보다도 언어가 통하고, 동서남북에서 오는 여행자들이 모이는 장소인 만큼 서로에게 필요한 정보 교환이 가능하기 때문이다. 특히 여행자들이 드문 나라들에서 주고받는 정보들은 무엇 하나 버릴 게 없다. 여행자들끼리의 정보 교환은 먼저 입국 비자 문제와 안전 문제, 이동 수단과 유적지 등을 비롯하여 현지 숙소와 물가, 인터넷 카페의 위치 등인데, 자신들이 가지고 있는 정보는 다 제공한다. 때로는 지난 나라들에 대한 여행안내 책자와 지도까지 제공한다. 이것은 같은 여행을 하는 배낭족끼리의 예의이다.

수도 트빌리시에서는 먼저 다음 행선지인 아제르바이잔 비자를 신청해야 한다. 비자를 발급 받은 다음 시내 견학과 주변 도시를 찾는 게 다음 여정을 위해 안전하다. 아제르바이잔 입국엔 초청장이 필요하다는 얘기들이다. 이스탄불에서 얻은 정보와는 다른 사실이었다. 같은 나라 대사관이지만 소재지에 따라 요구 서류가 다르고 비자 발급 상황도 다를 때가 많다.

다음 날 아침 영사관을 찾아가 영사를 만나 상황 설명을 하고는 방법이 없겠냐고 묻자, 일주일간의 통과 비자를 발급해 주겠단다. 현지에 들어가서 비자를 연기하면 된다며 비싼 돈을 지불하면서 여행사를 통해 초청장을 부탁하지 않아도 된다고 상세히 알려주었다. 통과 비자의 경우 일반적으로 3일의 기간이 대부분인데, 영사 재량으로 최대 일주일까지 발급해 주겠다는 것이다. 신청을 끝내고 오후에 가서 여권을 받아보니 일주일 체류인 것은 분명하나, 입국 날짜가 내일로 되어 있다. 아무리 서둘러도 무리가 아닐 수 없다. 아직 트빌리시도 돌아보지 않은 상태다. 영사를 다시 만나 그루지야 비자가 끝나는 날짜로 변경을 부탁하자 사정을 알겠다며 수정을 해주는 친절까지 베풀어준다.

자! 카스피 해를 향해

10월 19일 아침, 빗소리가 조금은 조용해진 것 같다. 자! 카스피 해를 향해 출발이다. 아제르바이잔으로 입국을 앞두고 그루지야의 수도 트빌리시를 출발하는 아침, 계속해서 비가 내린다. 그루지야 비자가 끝나는 날이고, 또 아제르바이잔에서의 7일 동안의 통과 비자가 시작되는 날짜이기에 어떻게든 국경을 넘어야 한다. 유럽에서 터키까지는 한국 여권의 경우 무비자로 3개월까지 체류가 가능한 지역들이었기에, 이처럼 비자 만료일에 신경을 곤두세우지 않았었다. 어쨌든 빗줄기가 어느 정도 약해지길 기다릴 수밖에 없다. 트빌리시에서 아제르바이잔 국경까지는 거의 평지로 거리로는 정확히 60킬로미터다. 정오쯤에 출발하여 저녁 무렵이면 도착할 수 있는 거리다. 비자 만료일 밤 24시까지만 그루지야를 벗어나면 된다는 생각에, 마음의 여유를 가져본다. 도중에 자전거 고장이나 예상치 않은 일이 생기면 그땐 그때대로 국경에서 사정 설명을 하고 출국 허가를 받으면 된다. 태양이 등 뒤에서 기울어질 때쯤 국경에 도착했다. 넓은 벌판 도로 한가운데에 세워진 조그만 건물 몇 개가 보인다.

세관이라는 간판이 붙어 있기에 다가가서 여권을 내밀자 그냥 통과하라고 한다. 출국 도장은……? 하고 묻자, 입국 관리소는 2킬로미터 전방이란다. 늦가을 해는 떨어지는 게 빠르다. 이미 주변은 어두워지고 가로등 하나 없는 그루지야

국경 지대로 달리는 도로

국경 지대다. 세관을 통과해 자전거를 달리려 하는데, 지친 몸인지 자전거에 실은 짐이 내 삶의 무게만큼이나 무겁게 느껴져 온다. 설마! 하면서 뒷타이어를 살펴보니 펑크다. 아리랑 고개를 넘어가는 님이 아쉬워 펑크가 나길 바라는 여인도 못 만났었는데, 허허. 그렇다고 떠나온 길을 멈출 사람도 아닌데, 왜 이리도 붙잡는 게 많은지…….

날씨가 흐려서인지 별조차 하나 없는 어둠의 천지다. 저 멀리 보이는 불빛을 쫓아 도로를 걷기 시작했다. 분명히 2킬로미터 전방에 입국 관리소가 있다고 했는데, 한 시간가량을 걸어도 불빛은 저만치 그 자리에 있다. "마음아, 마음아, 서두르지 마라! 그 누가 기다린다고 이토록 발걸음을 재촉하느냐…… 불빛을 찾으면 또 다음 불빛을 찾아 떠나야 한다. 그래 천천히 가자." 어둠 속에서는 내 마음이 내 몸보다도 열 배는 더 빨리 걷고 있음이다. 지금까지 여러 나라들을 여행해 왔지만, 국경에서 세관과 출입국 관리소 건물이 이렇게 떨어져 있는 곳은 처음 경험하는 일이다. 어둠 속에서도 한 시간 이상을 걸었으니, 족히 3~4킬로미터는 떨어져 있는 것 같다.

검은 강물이 흐르는 다리를 지나자 컨테이너 박스를 몇 개 놓은 곳에서 방탄조끼와 자동 소총으로 무장한 병사들이 반갑게 맞아준다. 장교로 보이는 젊은 친구가 나와선 영어로 아제르바이잔 국경 검문소가 바로 앞이니 차나 한 잔하고 가란다. 차를 마시면서 어둠 속의 그루지야 쪽을 돌아보자, 그동안의 많은 인연들이 그 속에 불꽃처럼 자리하는 느낌이다. 그루지야를 떠나려는 순간 그루지야의 문호 메메드 아반씨제(1873~1937)가 남긴 말이 떠오른다.

"기억하라! 통일된 그루지야에서 우리의 구원과 행복이 있다."

아제르바이잔
돈이 모든 행복의 대명사는 아니다

'석유 - 전쟁 - 난민'

행운을 빈다는 병사들을 뒤로하고 아제르바이잔 국경으로 접어들었다. 이곳엔 가로등 전기불도, 컨테이너 박스가 아닌 출입국 관리소 다운 건물도 있다. 같은 카프카스 지역 나라에 속하건만 이 차이는 어디에서 오는 것인지…….

입국 도장과 함께 아무런 짐 검사도 없이 통과다. 밤 9시를 조금 넘긴 시간이다. 어찌했든 오늘 중으로 국경 통과를 한 것이다. 국경 근처에 있는 조그만 마을 모스크에서 흘러나오는 아잔(기도 시간을 알림) 소리가 정겹게 느껴진다.

트빌리시에서 지형 지도를 펼쳐놓고, 여러 가지 사정을 고려하여 선택한 도로가 국도 M27호선이다. 트빌리시에서부터 갈라지는 도로이기에 아제르바이잔에의 입국 경로 자체가 달라진다. 그루지야에서 아제르바이잔으로 들어오는 도로는 두 개가 있다. 하나는 북쪽 대카프카스 산맥 아래 산악 지대로 난 국도 A302호선으로 수도 바쿠(Baku)까지 연결되어 있다. 다른 길은 씨르반 대평원(Sirvan Duzu) 가운데를 가로질러 카스피 해안까지 연결되는 국도 M27호선으로, 국경에서 바쿠까지 420킬로미터 거리의 도로다. 트빌리시 주재 아제르바이잔 대사관에서 7일간의 통과 비자로 입국한 이상, 경치를 즐기면서 달릴 수 있는 국도 A315호선은 생각할 수도 없다. 산악 지대를 연결하고 있는 만큼 M27호선 쪽보다 두세 배의 시간이 걸릴 것이다.

우선 수도 바쿠에서 비자를 연기하고 투르크메니스탄 입국을 위한 비자 신청을 위해 하루라도 빨리 입성을 하여야 한다. 국경 부근에서 얼마간의 산악 지대를 벗어나자 동서남북으로 지평선만이 존재하는 대평원이다. 평야의 서북쪽에 위치하는 거대한 민게체빌(Mingeceivr) 호수에서 흘러내리는 쿠나(Kuna) 강줄기가 평야를 지나 카스피 해까지 흐르고 있다.

강줄기를 중심으로 한 지역들은 농업이 가능해 보이지만, 국도 주변 지역들은 스텝과 반사막에 가까운 지역들이다. 대평원의 끝에 접어들면서부터 카스피 해 바닷가까지 곳곳에 세워진 석유 시추기(試錐機)들이 가득하다. 그야말로 기름진 땅이 아닐 수 없다. 반사막에 가까운 스텝 지역에서 생산되는 석유는, 아제르바이잔 국가 경제의 원동력이 되고 있으므로 다른 의미에서도 말 그대로의 '기름진 땅'인 셈이다. 이곳에선 어느 곳이든 3미터만 파도 석유가 나온다고 할 정도이니, 더 이상의 언급은 필요치 않을 것 같다.

대부분의 시추기들은 낡고 오래된 것을 그대로 사용하고 있는 것 같고, 주변의 토지 환경을 고려하지 않은 개발로 곳곳에 검은 기름 덩어리에 오염된 토지들이다. 오일 머니(Oil Money) 내지는 오일 비즈

니스하면 아제르바이잔이지만, 이 나라를 상징하는 말을 생각하면 석유가 반드시 모든 행복의 대명사는 아닐 것만 같다. 일반적으로 아제르바이잔 하면 '석유—전쟁—난민'이란 세 단어를 떠올린다. 이 유행어가 시작된 것은, 100년 이전의 역사로 거슬러 올라간다. 이곳은 19세기 후반의 제정 러시아를 살찌우기에 안성맞춤인 지역이었다. 이후 구소련 연방에 그대로 편입되어 1991년 10월 18일에 아제르바이잔공화국으로 독립할 때까지 반식민지 시기를 겪어오는 동안 착취가 계속되어 왔다. 아제르바이잔 전 역사를 통해 독립을 유지한 것은 통틀어 100년이 채 안 된다고 하니, 이 나라 민족의 수난의 역사를 그 통계 숫자로도 알 수 있을 듯하다.

국토 문제를 두고 이웃나라인 아르메니아와의 전쟁으로 인해, 국토의 20퍼센트를 잃었으며 현재의 휴전 상태가 긴장감을 더하고 있는 것도 사실이다. 카라바흐 전쟁(Karabakh War)으로 불리는 아르메니아와의 전쟁에서 국민의 네 명 중 한 명이 난민이라 할 만큼 많은 숫자(200만 명)의 난민이 생겨, 아제르바이잔 경제에 큰 문제로 대두되고 있는 실정이기도 하다.

카스피 해를 정면으로 바라보고 선 아제르바이잔 정부종합청사

아제르바이잔 역시, 한반도처럼 참혹한 역사의 상처를 안고 있는 나라다. 그것은 1,300만에 이르는 이산가족을 안고 있다는 점에서 잘 드러난다. 오스만 제국과 제정 러시아와의 게임에 의해 나눠진 아제

르바이잔은 남쪽 지역 대부분이 지금의 이란에 속해 있다. 현재의 아제르바이잔 지역은 러시아가 갈라 먹기로 한 연유에서 생긴 지역이다.

언제나 이권 문제로 약육강식의 처절한 생존 법칙이 지속되는 역사는, 우리 민족 또한 아직도 뼈저리게 체험하고 있는 진행형의 역사다. 우리의 현실이 역사의 흐름이라는 격류 속에 있듯이, 아제르바이잔의 현실 또한 더하면 더했지 덜하진 않을 것 같다. 아제르바이잔 쪽 카스피 해 연안에 매장, 생산되고 있는 석유와 천연가스를 두고, 러시아는 물론 주변 나라들과 귀속 문제를 두고 관계가 악화되고 있는 것이 그것이다. 제3차 세계대전이 카스피 해를 둘러싸고 있는 중앙아시아와 카프카스 나라들을 중심으로 발생할 가능성이 높다고 할 정도다. 다름 아닌 미국과 러시아 그리고 서방측이 군침 나는 먹이를 앞에 두고 살점 하나라도 뜯어보겠다는 계략이 숨어 있다. 현재 아프가니스탄에서 미국을 중심으로 하는 허울도 좋은 다국적군이 아프가니스탄 국내 정권 문제를 두고 전쟁을 치르고 있는 것을 보더라도, 카스피 해를 둘러싼 중앙아시아 지역과 무관하리라고는 생각되지 않는 것은 내 개인의 노파심에서일까. 세계사에 '행운'이란 단어가 존재하는지는 모르겠지만, 아무튼 약소국가 아제르바이잔의 미래에 행운을 빌어본다.

출국 거부!

비자가 11월 3일자로 끝난다. 어떤 변수가 생길지도 모르므로 11월 1일자 투르크메니스탄행 배편을 예약했다. 티켓 구입 때 비자를 보여 달랬다. 사정 설명을 하고는 국제관례상 다음 행선지 나라의 비자를 가지고 있을 경우, 72시간 통과 비자를 항구나 공항에서 발급 받을 수 있다는 것을 설명하고는 티켓 구입을 끝냈다. 최악의 경우 길은 두 가지로 예측 가능하다. 하나는 무비자 입국으로 체포되어 구금된 후 제3국으로 추방되는 것과 또 하나는 선상에서 출국지인 바쿠로 돌려보내지는 경우, 즉 입국 거부를 당하는 경우다.

11월 1일 아침, 바쿠 시내에 있는 국제 여객선 터미널로 향했다. 오후 1시 출항 예정의 배편이다. 그동안 흐렸던 하늘도 아침부터 따스한 햇살을 비추어주고 있다. 출발하는 날 날씨로는 뭔가 운이 좋을 것 같은 느낌이다. 세관을 통과하여 출입국 관리소에 출국 도장을 부탁하며 여권을 내밀자, "투르크메니스탄 비자는……?"이란 질문이 날아왔다. 티켓 구입 시와 똑같은 설명을 하자 잠깐 기다리란다.

여권을 들고 건물 쪽으로 들어가더니 얼마 있다가 출국을 시킬 수 없단다. 국제관례법이 엄연히 있고, 당신들 나라와는 아무런 관계도 없는 일인데 왜 출국을 승인하지 않느냐고 항의를 했다. 자신의 상관이 말하길 투르크메니스탄 측에서 입국 거부를 했을 경우, 다시 바쿠로 돌아와야 하고 그렇게 되면 자기들한테도 문제가 된다고 했단다. 그들로서도 또 이치상으로도 분명히 맞는 얘기다. 구여권까지 꺼내어 보여주며, 지금까지 수십 개 나라 국경에서 또 항구에서 비자를 받은 것을 보여주며 아무런 문제도 없었다는 것을 설명을 했다. 그러자 다시 한 번 더 상관한테 부탁해 보겠다며 본부 건물 쪽으로 발걸음을 향했다. 얼마 있다가 본부 건물에서 나오는 그의 인상을 보는 순간, 불가능하다는 게 육감적으로 느껴졌다. 어떻게 할 것인가? 검사대의 경찰들도 최대한 도와주고자 노력을 해주었지만 안 된 것이다. 그들도 사정은 알겠지만 다른 방도를 찾아보라며 격려를 해준다.

도와주려고 노력을 하는 사람들에게 떼를 쓰고 고집을 피우는 건

서로를 위해 좋은 방법이 아니다. 우즈베키스탄 비자가 있으니 번잡스럽게 투르크메니스탄을 거치지 말고 타슈켄트로 바로 비행기를 타는 게 좋지 않겠냐는 것이다. 그들로서는 내가 굳이 육로로, 투르크메니스탄을 통해 우즈베키스탄에 들어가려는 이유를 모르겠단다. 이틀 후면 이곳 아제르바이잔 비자도 끝난다. 어쩔 수 없이 이스탄불로 날아가야 하나라고 생각하던 중에, 카자흐스탄도 카스피 해에 접하고 있다는 것을 깨달았다. 카자흐스탄으로 가는 배편은 없는가 하고 물어보니, 일주일에 한 번 정도는 있다고 한다. 그게 언제냐고 묻자, 내일 오후란다. 하지만 불가능한 일이다. 바쿠에 카자흐스탄 대사관이 있지만, 통과 비자 발급에만 일주일을 기다려야 한다.

본래 루트 선정 때 비자 발급이 까다로운 카자흐스탄을 제외시킨 상태에서, 중국으로 넘어가는 루트 선정을 했던 것이다. 그렇지만, 어쩔 수 없다. 부딪혀 보는 수밖에. 이미 오후 3시가 되어 배는 출항을 알리는 뱃고동을 울리고 있다. 이런 상태에서 미련을 가지고 떠나가는 배를 바라만 보고 있을 만큼 여유로운 상황이 아니다. 더 이상의 선택의 여지도 없는 상태에서는 바위 벽이라도 뚫고 나아갈 방법을 뛰면서 생각해야 한다.

멀고 먼 중앙아시아

출입국 관리소의 경찰이 소개해 준 곳에 자전거와 짐을 맡겨두고는, 택시로 곧장 카자흐스탄 대사관을 향했다. 오후에 비자 업무를 하는 대사관이 어느 나라에도 없는 줄은 알지만, 상황이 상황인지라 사정을 해볼 수밖에 없다. 택시 운전사를 밖에 기다리게 해놓고는 대사관 벨을 눌렀다. 몇 번을 울리자 시끄럽다는 표정을 한 직원이 나와서 비자 업무는 내일 오전에 오라는 한마디를 하고는 돌아서는 게 아닌가. 문을 닫으려는 그의 손목을 잡고는 "사정 얘기를 좀 들어달라. 오전에만 비자 업무를 하는 것은 알고 있다. 어려운 사정이라 실례를 무릅쓰고 찾아온 것이다."라고 하자, 일단 안으로 들어오란다. 비자 담당 영사가 외출 중이니 한 시간은 기다려야 한다며 앉아서 기다리란다.

갖다 준 차를 마시면서 얼마를 기다리자, 삼십 대 초반으로 보이는 젊은 친구가 "내가 영사인데 무슨 일인가?" 하며 귀찮다는 표정을 드러내면서 들어왔다. 사실 사정이 이러하고 꼭 육로로 여행을 계속해야 한다. 배편이 내일이므로 통과 비자를 부탁한다고 전하자, 사정을 잘 알겠다며 통과 비자는 3일이 한계인데 그래도 좋겠는가고 되물어 왔다. 최소 5일은 필요하다. 영사 재량으로 어떻게 안 되겠는가? 라고 부탁하자, 대사와 상의해 보겠다며 우선 신청서에 기입을 하란다. 신청서를 넘겨주고는 얼마를 기다리자, 여권을 들고 온 영사의 표정이 밝다. 대사님께 당신 사정과 여행을 설명한 결과, 특례로 한 달짜리 통과 비자를 발급했다는 것이다.

지금까지 50여 개국을 넘게 여행해 왔지만, 한 달짜리 통과 비자란 말은 어디에서도 들어본 적이 없다. 아무튼 행운이다. 고맙다는 인사를 전하고는 택시로 부둣가로 돌아와선 매표소로 달려갔다. 이곳에서도 오늘 벌어진 일들에 대해 여권을 보여주며 사정 설명을 하자, 사정을 알겠다며 추가 요금을 내면 카자흐스탄의 악타우(Aktau)로 가는 표를 발급해 주겠다는 것이다. 출입국 관리소로 돌아와서는 도와준 경찰들에게 덕분에 내일 카자흐스탄으로 갈 수 있게 되었다며 고맙다는 인사말을 전하고는, 자전거를 끌고 다시 호텔로 돌아왔다. 쓰러지듯 침대에 누워 생각해 보니 오늘 하루 정말 바쁜 날이었구나 싶다. 그렇지만 좋은 사람들을 많이 만난 하루인 것도 사실이다.

11월 2일 아침, 오늘 하루가 순조롭기

출항을 기다리는 동안에 어느덧 석양이 자리하는 바쿠

만을 기도하는 심정으로 부두의 국제선 터미널로 향했다. 출항 시간이 되었건만, 몇 시간은 더 기다려야 연안에 떠 있는 배가 부두에 정박을 한단다. 이러면 어떻고 저러면 어떤가! 오늘 안으로 문제없이 떠나만 준다면 고마운 일이다. 같은 배를 탈 사람들도 화물 창고와 같은 간이 건물에 앉아 마냥 기다리고만 있다. 언제쯤이나 배가 들어올까 하고 기다리다 보니, 벌써 석양이 저만큼에서 바다를 붉게 물들이고 있다.

밤 12시, 비자가 끝나는 11월 3일로 접어들었다. 출국에 맞추어 현지 돈을 모두 정리해 버린 상태이기에, 물 한 모금 못 마신 채 꼬박 열두 시간을 기다리고만 있는 셈이다. 언제 떠날지도 모르는 상황에 밥 한 끼 먹자고 달러를 바꿀 수도 없을 뿐더러, 환전소를 찾아 시내까지는 어떻게 움직이는가. 새벽 2시를 넘어서자 그때서야, 오늘 중으론 출항이 힘드니 돌아가서 자고 내일 아침에 다시 오란다. 배를 기다리던 사람들 중에 경제적으로 여유가 조금 있어 보이는 사람들은 다 돌아가고, 배고픈 서민들만이 짐 위에 앉아 아기를 앉고는 밤을 샐 준비에 들어가는 모습들이다. 나하고야 아무런 인연도, 말도 한마디 나누지도 않은 그들이지만, 이 찬 바람이 부는 곳에서 밤을 지새울 그들을 생각하자 차마 호텔로 발걸음이 떨어지지가 않는다. 그래, 함께 기다리자. 시작된 바람인 만큼 언젠가는 멈추는 순간이 오겠지. 배낭에서 오리털 잠바를 꺼내고 밤을 샐 준비를 하는데, 경찰이 다가와선 지금부터 출국 수속이 시작되니 준비하란다.

아! 잊자. 그래 잊어야 한다. 이 대책 없는 나라의 시스템을 잊자. 어쨌든 떠나는 게 아닌가. 새벽 4시 정각, 승선을 끝내고 객실 배정을 받았다. 선상에서 바라보이는 어둠에 잠긴 바쿠 시내는 한심한 이 나라 관리들과는 아무런 인연도 없다는 듯이 조용히 잠든 모습이다.

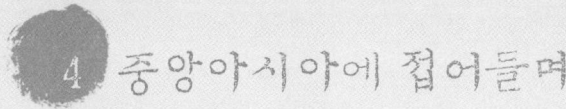
4 중앙아시아에 접어들며

겨우 10여 일 안 씻었다고 이토록 많은 때가 나오다니.

그동안 소홀히 해온 수행으로

내 업장의 때는 또 얼마나 묻어 있는지.

육신의 때야 비누칠 한 번으로 사라지겠지만,

업장이 쌓여 풍겨 나오는 지독한 냄새는

내 무슨 수로 숨길 수 있겠는가.

카스피 해

솔직한 대화는 인생을 풍요롭게 한다

드디어 출항!

어느새 잠이 들었는지 흔들림에 눈을 떠보니, 배는 이미 바다 한가운데를 달리고 있다. 멀리 육지가 희미하게 보이는 것으로 보아 출항한 지 그렇게 오랜 시간이 지난 것 같지는 않다. 이중 유리로 된 창문을 열어젖히자, 차가운 바닷바람이 뱃전에 부딪치는 파도 소리와 함께 가슴을 시리게 한다. 결국은 떠나는구나! 한편으로는 시원섭섭한 감이 없지도 않다. 아시아 대륙을 향한 발걸음이다. 어쩔 수 없이 루트 변경을 하지 않을 수 없었지만, 아무런 자료도 가지고 있지 않은 상태다.

카자흐스탄에 대한 예비지식도 없다. 그저 중앙아시아 나라들 가운데서 물가가 가장 비싸고, 구소련 체제 시스템이 가장 강하게 남아 있어 여행자들에겐 힘든 곳이라는 것 정도가 전부다. 계절적인 면을 생각하여 남쪽 루트인 투르크메니스탄을 통과하여, 우즈베키스탄 남동쪽인 아프가니스탄 접경 지역으로 루트 선정을 해놓았었다. 결국 정반대쪽인 서북 러시아 쪽 루트로 변경된 셈이다. 지도야 배에서 내려 구하면 되고, 지도를 분석하여 우즈베키스탄을 향한 최단 코스를 선정하면 된다. 내일 걱정은 내일 하자며 다시 침대에 누웠다.

얼마나 잤을까. 누군가가 노크하는 소리에 잠을 깼다. 나가보니 부두에서 오랜 시간 기다리는 중에 알게 된 러시아인 할아버지 시인이다. 일행들과 식사를 하려는데 함께하자는 것이다. 24시간 동안 아무것도 먹은 게 없지만 시장기를 못 느꼈기에, 나중에 차나 한잔 같이 하자면서 사양을 했다.

창문을 열고 바다를 바라보니 이미 육지는 보이질 않는다. 넓은 바다 가운데 여기저기 세워진 유전 시추기들이 몇 개 보일 뿐, 검푸른 바다가 끝도 없이 이어지고 있다.

카자흐스탄을 향해 카스피 해 한가운데로 나온 선상에서

카스피 해! 유라시아 대륙의 거의 정중앙에 위치하는 거대한 육지 속의 호수와 같은 바다. 흑해는 그나마 좁은 보스포루스 해협(이스탄불 해협)으로 지중해와 연결된 바다이지만, 이곳 카스피 해의 경우는 육지 안에 존재해서 주변에 친구가 없는 셈이다. 동남쪽으로 투르크메니스탄, 서북쪽으로 러시아와 카자흐스탄, 서남쪽으로 카프카스, 정남쪽으로 이란에 걸쳐 있다. 지리적으로 이스탄불을 기점으로 유럽과 아시아 대륙을 나누고 있지만, 터키가 중동 지역에 속하는 걸 감안하면, 민족적, 문화적으로 나눌 때는 카스피 해를 기준으로 하여 유럽과 아시아로 나눌 수 있지 않을까 생각된다.

　배가 북쪽으로 이동을 할수록 해가 짧아지는 느낌이다. 오후 6시를 조금 넘겼건만 바다는 어둠에 휩싸이고 있다. 서민들과 보따리 장사 아주머니들을 실은 배 안은 호화로운 국제 여객선과는 달리 어둠과 함께 바닷속으로 빨려 들어가는 듯한 무거움이 자리한다. 객실 복도를 지나다니는 사람의 발자국 소리도 없어진 지 반시간이 지났다. 레스토랑에는 계절노동자로 보이는 사람들이 보드카에 코가 삐뚤어진 모양으로 세상모르게 자신들의 세계에 빠져 있다. 살아 있는 모습들이다. 아니 생활고란 늪 속에서 헤쳐 나오려고 안간힘을 쓰는 사람들이다. 투박하지만 소박하고 착한 사람들이다. 그 앞을 지나치려 하자 손목을 붙잡는데야 내 어찌 뿌리치고 가겠는가.

　눈을 떠보니 복도가 부산하다. 11월 4일 아침, 선상으로 나가보니 저만큼 악타우(Aktau)라는 카자흐스탄의 항구도시가 보이기 시작한다. 꼬박 24시간 동안의 항해를 끝내려는 순간이다. 새로운 대지大地에의 도착이자 달림의 시작이다.

카자흐스탄
 갑작스러운 변화에서 찾는 안도감

아시아 대륙에의 첫발

11월 4일 아침. 투르크메니스탄 입국 비자 문제로 우여곡절 끝에, 갑작스레 루트를 변경하여 카자흐스탄의 악타우로의 상륙을 단행하지 않을 수 없었다. 북으로 북으로만 치달은 결과 위도를 3도씩이나 이동해 버려 북위 43도 지점이다. 카자흐스탄 서쪽 카스피 해안에 위치한 항구도시를 겸한 악타우 앞바다. 잔잔한 물결 하나 일지 않아 겨울 하늘만큼이나 차가움을 느끼게 한다. 그나마 아침 햇살이 따뜻하게 불청객을 맞아주니 다행이다.

부둣가에서 조금 떨어진 곳에 출입국 관리소가 있다. 입국 수속은 생각했던 것보다 간단하게 끝났다. 카스피 해의 동쪽이 인종적으로나 문화적으로 볼 때 피부로 느낄 수 있는 아시아 땅이다. 고대 유럽에서는 지금의 중동과 서아시아 지역을 오리엔트(Orient)라 칭하여 넓은 의미에서 동양권으로 이해하고 있었다. 그러나 지리적으로는 중앙아시아에 속하지만, 문화적, 인종적인 면에서 볼 때는, 동서양 간의 중간적인 지역적 풍토(지리적, 기후적, 면 등 여러 면에서)에 속하기에 중앙中洋이라 표현하는 게 옳을 것 같다.

출입국 관리소가 있는 부두에서 악타우 시내는 5킬로미터 서쪽에 위치해 있다. 도시를 바라보며 한 시간가량을 달리자 시내에 접어들었다. 도로를 따라 천연가스와 석유를 수송하기 위한 대형 송유관들이 이어지고, 주변은 황량한 스텝 지역 풍경이 지평선 끝까지 펼쳐져 있다. 그야말로 황야 끝으로 바다와 접하는 지점에 잿빛 모습의 도시가 존재하고 있는 느낌이다.

오직 한 길……

11월 5일 아침, 안개로 뒤덮인 도로를 따라 출발이다. 완벽하진 않지만 방한 장비도 있다. 지도상에도 중간 중간에 마을이 표시되어 있기에 특별히 걱정할 건 없다. 악타우 시내를 벗어나자 황량한 스텝 속으로 난 한 줄기 도로가 지평선 끝까지 이어지고 있을 뿐, 나무 한 그루 존재치 않는다. 한마디로 아득하다는 생각밖엔 안 든다. 겨울로 접어드는 스텝 지역은 생각했던 것보다도 더 썰렁한 느낌이다.

우즈베키스탄을 향해 출발이다. 두 가지 선택의 여유도 없다. 스텝 속으로 난 오직 한 길뿐. 자신에게 선택의 여지가 없는 상황도 과히 나쁘진 않다. 그 길이 오직 한 길뿐일 경우, 이런저런 고민을 할 필요가 없다. 지도상에 우즈베키스탄 서북쪽 국경까지는 도로 표시가 있다. 우즈베키스탄 국경 지대도 온통 스텝 지역으로 표시되어 있을 뿐, 도로 표시를 나타내는 가는 선 하나 없다. 그저 지금은 불통 중인 철로만이 나타나 있다. 다른 길은 카자흐스탄 내륙으로 난 도로를 따라가는 길로 족히 3,000킬로미터나 되는 거리다. 겨울을 앞두고 계속해서 북상을 할 수도 없거니와 시베리아를 접하는 지역을 향해 가는 길은 더더욱 생각할 수가 없다. 악타우에서 우즈베키스탄은 정확히 남동쪽이다. 일단 국경도시인 비노이(Beineu)까지 400킬로미터는 일직선에 가까운 도로를 따라가면 된다. 가지고 있는 세계 지형 지도상에도 스텝과 초원 지대로 표시되어 있을 뿐, 아무런 산악이나 경사 지대는 나타나 있지 않다.

광활한 스텝 속으로 이어지는 유일한 길

자전거 페달을 계속해서 밟고 있기 때문인지 추위는 그다지 못 느끼지만, 문제는 야영이다. 비상식량 3일분을 준비했지만 가급적이면 마을을 찾아야 한다. 정오를 지나자 안개가 걷히면서 황토 속에 듬성듬성하게 자생하는 풀들로, 대지는 엷은 잿빛 건조 색으로 뒤덮여 있는 게 보인다. 저 멀리로 야생 낙타들이 풀을 뜯는 모습들이다. 스텝이긴 하지만 이 광활한 대지의 열악한 환경 속에서 자생할 수 있는 동물은 낙타밖에 없다는 생각이 들었다. 하루 종일을 달렸건만 100킬로미터가량 달렸을 뿐이다. 겨울로 접어드는 계절이라, 일출이 늦은 반면 일몰이 빠르기 때문에 시간적으로 더 이상은 달릴 수 없는 거리만큼 달려온 것이다. 여름철의 경우, 이런 지형이면 130킬로미터는 문제없이 달릴 수가 있는데 하는 마음도 들지만 자연의 순리에 순응할 수밖에……

소련 체제를 경험한 중앙아시아의 나라들 중에서도 카자흐스탄과 투르크메니스탄의 비자 신청이 가장 까다로운 걸로 여행자들 사이에 알려져 있다. 반면 '중앙아시아의 스위스'를 추구하는 키르기스스탄이 비자 발급이나 외국인 등록 등이 가장 완화된 걸로 알려져 있다. 어쨌든 마을 입구에까지 일부러 마중까지 나와준 사람들의 성의를 생각해서라도 경찰서에 함께 갔다. 등록을 간단하게 끝내고는 따끈한 차 주전자를 가져와서는 마시라며 권했다. 역시 같은 피부색에 같은 얼굴 모양이란, 국적을 떠나 서로가 조금은 친근감을 느끼게끔 하는 모양이다.

주변에 있는 민박집을 소개 받은 뒤에 직접 데리러 와준 아주머니를 따라 경찰서를 나왔다. 밖에는 진눈깨비가 소리 없이 휘날리고 있다. 아! 벌써 겨울이구나! 아직도 갈 길이 먼데……. 우리들의 감각적인 이해 속에서 황량한 벌판 내지 대지를 상상할 때 만주滿州 벌판이 연상되는 듯하다. 내 자신 아직 만주 땅을 밟아보지는 못했지만, 스텝 지역이라 불리는 거의 반사막 지대에 가까운 이곳 역시 황량한 대지 그 자체라 여겨진다.

국경 마을 비노이를 출발하여 트럭들이 달린 흔적을 따라 지상에 보이는 목표물이란 하나 없는 스텝 지대를 달려왔다. 저만치에 깃발을 펄럭이는 조그만 마을이 하나 있다. 지금까지 많이 보아온 터키나 유럽 나라들의 국기는 알아볼 수 있다. 그러나 신생 독립한 중앙아시아와 중동 지역 나라들 국기의 경우, 특별히 신경을 써서 구별하지 않는 한 어떤 게 어떤 나라 국기인가를 분별하기가 힘들다. 혹시나 해서, 여기가 우즈베키스탄이냐고 묻자 그렇단다. 그렇다면 카자흐스탄 출입국 검문소는 없는 셈이다. 경찰이 "카자흐스탄 출국 도장은……?" 하고 물어왔다. 검문소도 없었는데 내가 무슨 수로 출국 도장을 받느냐고 항의를 하자, 경찰 이야기인 즉 카자흐스탄 출입국 검문소는 비노이 시내에 있다고 한다. 이런 사실을 스쳐 지나가는 여행자가 무슨 수로 알 수가 있나!

경찰은 계속해서 "프라블럼!(problem!)"을 연발하지만 밀어붙이는 수밖엔 달리 도리가 없다. 중앙아시아 나라들 가운데서 우즈베키스탄 경찰이 가장 부패했다는 것은, 여행자들 사이에 유명한 얘기다. 외국 여행자들을 걸어 다니는 달러로 본다는 것이다. 바깥엔 이미 날이 저물었건만 실랑이는 계속되었다. 몇 달러 내놓으라는 의미다. 내 여행 사전엔 뇌물이란 단어는 없다. 그리고 엄연히 말해서, 카자흐스탄 출국 도장이 있고 없고는 우즈베키스탄 경찰이 문제 삼을 일이 아니다. 여권에 한 달짜리 우즈베키스탄 여행 비자가 있기에 이곳에서도 문제될 건 없다. 또 설령 출국 도장이 없는 걸 문제로 삼는다 해도, 그것은 경찰이 아닌 국경 검문소 군인들이 물어와야 한다.

일반적으로 구소련 체제 속에 있었던 나라들의 국경 검문소(출입국관리소)의 경우, 세관원은 세관 업무만을 취급한다. 그리고 출입국 검사는 군인들로 이루어진 국경 경비대 소속의 일이다. 내 철칙대로 계속해서 여권에 입국 도장을 요구하자, 그때서야 따라오라며 다른 건물로 안내를 했다. 따라간 곳에는 경찰복이 아닌 정글 문양 군복 차림의 군인들이 있었다. 군인들은 자전거를 대신 받아 끌어주며, 내가 건물 안에 들어가기도 전에 바깥까지 도장을 들고 나와선 입국 도장을 찍어주는 친절까지 베풀어준다.

어느 나라나 경찰 월급이 박봉이라는 건 알고 있지만, 자기의 업무도 아닌 부분을 가지고 외국 여행자를 붙잡고 농간을 부리는 모습은 결코 아름답게 비치는 풍경은 아니다. 결론적으로 카자흐스탄 출국 도장 없이 국경을 통과한 셈이다. 황량한 벌판이 이어질 뿐, 어느 쪽이 국경인지조차도 구별이 안 되는 상태에서 어쩔 수 없었을 뿐더러, 본의 아니게 그렇게 된 사실을 난들 어떡하겠는가!

우즈베키스탄
불편함은 부자연스러운 것

중앙아시아의 고려인들

11월 9일 저녁 무렵, 이미 우즈베키스탄 안의 카라칼파크 자치공화국에 들어와 있다는 것을 경찰에 의해 알게 되었다. 국경 마을 카라칼파키야(Kara-kalpakiya)는 그다지 크지는 않지만 시장과 철도역, 조그만 식당, 민박집 등 국경 마을로서 갖추어야 할 것들은 다 갖추고 있는 느낌이다. 단 하나 없는 게 있다면, 그것은 우즈베키스탄 각지를 연결하는 도로망이다. 이곳은 약 300킬로미터가량 아무것도 보이지 않는 스텝 지역만으로 이어져 있다.

유목 생활을 영위해 온 스텝 지역 민족들에겐 도로라는 특별한 개념이 없었으리라. 말 그대로, 낙타나 말을 타고 이동하는 길이 곧 도로이기 때문이다. 길을 만들어놓고는 '도로로만 통행할 것!'이란 규칙을 정해 놓는 것이, 그들에겐 오히려 불편할 뿐만 아니라 부자연스러울 것이다. 소위 고도의 다양화를 추구하는 현대 문명사회는 분업

화와 세분화를 이루긴 하였다. 그러나 그만큼 인간 개개인의 생활상은 지극히 단순화된 구조 속에서 단순하게 살아가게끔 되어버린 것 또한 사실이다.

우즈베키스탄 전체의 3분의 1이나 되는 넓은 지역을 차지하는 카라칼파크는 '검은 모자를 쓴 사람들의 땅'을 의미하지만, 어원의 유래는 분명하지 않다. 정치적으로는 아무런 실권도 주어져 있지는 않고, 다만 카라칼파크어의 사용과 이 언어에 의한 교육과 방송, 그리고 독자적인 국기가 인정되는 문화적인 자치만이 보장되어 있는 게 현실이다. 제정 러시아 때부터 식민지화된 여러 왕국(크게는 4개 왕국)들을 통합하여, 구소련 연방에서 1991년 8월 31일 다민족 국가인 우즈베키스탄 공화국(Republic of Uzbekistan)으로 독립을 이룩했다. 그 결과 각 민족 간의 언어와 문화 등에서 갈등을 겪고 있는 것 또한 현실이다. 단적인 예로, 우즈베키스탄이라는 크지 않은 나라에 공식적으로 170여 개 민족이 살고 있다는 것만 보아도 짐작할 수 있다. 전체 국민의 약 1퍼센트에 해당하는 고려인(약 20만 명)도 여기에 포함된다. 우즈베키스탄과 같은 다민족 국가 형태는, 다른 여느 중앙아시아 나라들도 같은 실정이다. 신생 독립 후 10여 년이 지난 시점에서 각종의 민족주의 운동이 잉태되고 있는 것 또한, 앞으로 이 지역 국가들의 큰 과제로 떠오를 것으로 생각된다. 자치공화국인 카라칼파크도 그중 하나다.

중앙아시아에 발을 디딘 상태에서 민족의 이동이란 관점에서 빠트릴 수 없는 게, 고려인들을 비롯하여 강제 이주 정책에 의해 현재 중앙아시아에 거주 중인 여러 소수 민족들이다. 1937년 스탈린의 독재 정치(공포 정치) 아래에서, 가상 적대 국가에 공조할 우려가 있다고 해서 고려인(조선인), 독일인, 유태인 등의 민족들을 정착지로부터 중앙아시아로 강제 이주를 시켰다. 고려인들의 경우 대부분이 동부 시베리아 지역인 하바로프스크와 옌하이저우沿海州 지역에 살고 있던 사람들이다. 역사는 그 흐름에 따라 계속해서 흘러가는 속성을 가지는 게 사실이지만, 우리 민족과 관련해서 본다면 아픔으로 점철되어 온 역사이다. 스탈린의 강제 이주 정책에 의해 이주된 소수 민족들은, 구 소련 연방이 붕괴되면서 각기 독일과 이스라엘 등으로 귀환과 귀국을 했다. 반면에 고려인들의 경우 분단된 조국의 현실 속에서, 또 무관심과 외면으로 일관한 남북한 정부 때문에 돌아갈 곳이 없어, 현지에 뿌리를 내리고 살거나 대부분은 조국 한반도가 아닌 제2의 고향인 하바로스크와 사할린으로 되돌아갔다.

　해외 각지에 500만이 넘는 한민족을 두고 있음에도 불구하고, 일명 '재외 동포법在外同胞法'으로 불리는 '재외 동포를 위한 보호법'이 아주 최근인 1999년 9월 2일에야 제정되었을 정도이니, 그밖에 무슨 말이 더 필요하겠는가. 그런데 이 법안에도 재외 동포임을 인정하는 기준이란 게 설정되어 있다. 중국 동북부 지방에 거주하는 조선족들과 중앙아시아의 고려인들의 경우, 일제 강점기 때 이주했을 것 등 동포임을 인정하는 데 여러 조건을 내세우고 있다. 해외 동포에도 기준을 두고 인정 여부를 따질 만큼, 한반도에 살고 있는 한민족 동포들은 조국 한반도에서 역사에 한 점 부끄럼도 없이 떳떳하게 살아왔는가? 새삼 의문이 생긴다.

　수도 타슈켄트에 입성하여, 앞으로 이동할 나라들에 대한 비자 준비와 월동 준비도 해야 한다. 한 달 여행 비자 중에 벌써 일주일이나 소모해 버린 이상, 더 이상의 여유를 가질 수도 없다. 투르크메니스탄을 통과할 예정이었던 본래의 루트에도, 부하라에서 서쪽으로 500

킬로미터나 떨어진 히바는 빠져 있었다. 자전거 여행에 장점이 많은 것도 사실이지만, 가장 큰 단점은 이동에 시간이 너무 많이 걸린다는 것이다. 사실 1년간이란 길지 않은 기간 동안에 유라시아 대륙을 횡단한다는 것은 바쁜 일정이다. 시간적인 여유를 가지고 쉬고 싶을 땐 쉬고, 또 더울 때와 추울 땐 안거安居를 하면서 쉬엄쉬엄 횡단을 한다면 족히 3년은 걸릴 것 같다.

고도 부하라

저 멀리 오아시스 고도 부하라(Bukhara)가 보인다. 꿈에도 그리던 중앙아시아 실크로드의 일대 중심지 부하라! 이슬람 건축의 푸른색 돔 지붕이 한나절 태양 아래에서 유난히도 신선한 느낌으로 다가온다.

알렉산더대왕이, 칭기즈칸이 이끈 초원의 군단이, 동서를 왕래하던 대상들이, 스쳐 지나간 실크로드 위의 2,500년 역사를 자랑하는 부하라에 낙타가 아닌 자전거를 타고 스텝과 사막을 지나 긴 여행 끝에 마침내 입성이다. 광활한 사막과 스텝이 없다면 오아시스는 그렇게 반가운 존재는 아닐 것이다. 그 옛날, 사막과 스텝에는 없었던 것이 오아시스엔 있었다. 그것은 물이다. 물이 있는 곳에 사람이 있다. 물과 사람이 함께 있는 곳이 오아시스다. 사람이 있는 곳엔 만남이 있다. 만남의 인연은 생生의 즐거움이다. 사막 속의 오아시스는 고생 끝의 낙樂과도 비유할 수 있다. 사막 속에서의 고생에는 낭만 또한 있다. 낭만도 즐거움이다.

시내에 접어들자 오아시스 마을은 아직도 늦가을 풍경을 자아내고 있다. 시내 지도를 펼쳐놓고 시내를 가로질러 흐르는 운하 다리 위에 앉았다.

오아시스의 고도 부하라에 입성

여행자로부터 들은 민박집 위치를 확인하고 있는데, 젊은 친구가 다가와선 영어로 말을 걸었다. 민박집은 이곳에서 멀지 않은 곳이니 자기가 데려다주겠다고 한다. 지도가 있으니 직접 찾아가겠다고 하자, 자기도 같은 방향이란다.

실크로드 굴지의 관광지인 만큼, 생각했던 오아시스 마을이라기보다는 예쁘게 단장을 한 관광지라는 느낌이 들었다. 이 젊은 친구는 법학을 전공하고 있는 대학생으로, 인도 계통의 얼굴에 말투나 행동거지가 차분한 성격의 소유자로 보였다.

이런저런 얘기를 하면서 구시가지에 접어들었다. 가마솥같이 둥글게 돌벽으로 둘러싸인 성城이 나타났다. 민박집은 성 입구에 있었다. 민박집엔 손님이라곤 없는 듯하다. 아무리 알려진 관광지이긴 하지만 계절이 겨울로 접어들고 있고, 또 미국이 아프가니스탄을 상대로 일방적으로 미사일과 폭탄을 쏟아 붓고 있는 시점에서 아프간 국경 근처에서 얼마 떨어지지 않은 이곳까지 여행 올 사람은 없다. 민박집은 아담한 가정집으로, 주인아주머니가 아주 친절하시다. 짐 푸는 것을 도와준 법학도 친구는, 오늘 저녁에 여동생 결혼식이 있는데 오지 않겠냐고 했다. 전통 결혼식이냐고 묻자, 이곳 부하라 지역의 전통 결혼식이란다. 오아시스의 전통 결혼식을 보고 싶었다. 그래서 처음 만났던 운하 위 다리에서 6시에 다시 만나기로 하고는 돌아갔다. 아주머니께 뜨거운 샤워를 하고 싶은데 물을 좀 데워줄 수 있겠느냐고 묻자, 뜨거운 샤워는 24시간 가능하니 언제든지 사용하란다.

스텝과 사막 속에서 야영을 하거나 이곳저곳에서 겨우 잠자리만 신세지면서 달려오느라고 10여 일 물 구경조차 못했었다. 우선 빨랫감부터 담가놓고는 뜨거운 물에 전신을 담그자, 그동안의 피로가 한꺼번에 사라지는 느낌이다. 물 구경이 오랜만이니 무슨 때가 이토록 많은지…… 샤워기를 틀어놓은 채 앉았다. 겨우 10여 일 안 씻었다고 이토록 많은 때가 나오다니. 그동안 소홀히 해온 수행으로 내 업장의 때는 또 얼마나 묻어 있는지. 육신의 때야 비누칠 한 번으로 사라지겠지만, 이 놈의 업장의 때는 한 번 달라붙으면 좀체 떨어지지 않는 법이니 이제부터라도 업장을 조금씩 닦아가야겠다. 육신은 말끔한 법복 속에 감출 수 있겠지만, 업장이 쌓여 풍겨 나오는 지독한 냄새는 내 무슨 수로 숨길 수 있겠는가.

경사스러운 남의 결혼식에 초청을 받았으니, 예복은 못 입고 가더라도 목욕재계 정도는 하고 가는 게 동서고금을 막론한 예의가 아니겠는가. 기분이 한결 상쾌해졌다. 약속 시간까지 시간이 조금 남아 구시가지 유적지를 돌아보기로 하고 민박집을 나섰다. 실크로드 유적지 가운데서, 세 곳을 손꼽으라면 누구라도 중국의 장안長安(현재 명칭은 '시안')과 중앙아시아의 사마르칸트와 부하라를 손꼽을 것이다. 이 세 곳 중에서도 도시의 옛 모습을 가장 잘 간직하고 있는 곳이 부하라다. 알려진 것으로야 장안과 사마르칸트가 단연 으뜸이지만, 부하라와 같은 고풍스러움은 그다지 없는 걸로 여행자들로부터 전해 들었다.

부하라의 구시가지에 있는 이슬람 건축물들의 배치는 9세기 이래

거의 변화가 없었던 걸로 알려져 있다. 특히 사만 왕조(Sāmānid dynasty, 서기 819년~999년) 때는 중앙아시아는 물론, 이란의 이슬람 문명 전체를 대표하는 도시로 이슬람 교학의 중심지이자 종교와 문화의 심장부로 꽃피웠던 곳이다. 20세기 초반까지 이슬람 세계 각지에서 많은 율법 학자와 학생들이 모여들었던 것으로 알려져 있다. 세계적인 의학자인 이븐 시나(Ibn Sina)도 이곳 출신이다. 지금은 우즈베키스탄에

이슬람 건축물로 가득한 실크로드의 천 년 고도 부하라 시내

속하는 부하라이지만, 본래는 타지크 민족의 정착지로, 지금도 주민의 대부분이 타지크어를 사용하고 있다. 여동생 결혼식에 초청해 준 대학생도 처음엔 인도 계통의 얼굴이라 느꼈었는데, 그 역시 타지크인으로 인도 아리안과 몽골리안과의 혼혈 계통의 얼굴 형태를 갖추고 있다.

오아시스 민족의 결혼식

젊은 법학도의 집은 운하에서 그리 멀지 않은 곳에 있었다. 의사인 아버지는 꽤 유창한 영어를 구사하며 반겼고, 가족들도 모두 이방인을 반갑게 맞아주었다. 결혼식장이 있는 곳까지는 동네 사람들과 함께 준비된 버스로 이동을 했다. 결혼식장은 신혼부부가 새살림을 차

릴 집으로, 넓은 마당에 대형 천막을 치고 긴 책상과 의자가 놓여 있다. 이미 많은 사람들이 자리를 메우고 있고, 천막 앞쪽에 네온사인으로 두른 무대 장치가 신랑 신부석이다. 같은 테이블에 앉은 신부 측 친지들과 대충 인사를 나누고 있는 중에 천막 양쪽에 설치된 대형 스피커에서 흘러나오는 민속악과 함께 신랑 신부가 입장을 했다.

전통 결혼식이라기에 민속 의상 차림인가 했는데, 신랑은 신사복 정장에 신부는 새하얀 웨딩드레스 차림이다. 신부는 올해 대학을 졸업한 방년 열아홉 살이라 한다. 입장에서부터 신랑의 팔짱을 낀 신부가 계속해서 머리를 숙여가며 축하객들을 향해 인사를 하고 있다. 무대에 자리해서도 계속해서 머리를 숙이며 인사를 끊임없이 하기에 언제쯤 저 인사가 끝이 나려나 하는 궁금증과 함께 굉장히 피곤할 텐데 하는 걱정까지 생겼다. 결혼식이 끝날 때까지 약 세 시간가량을 계속해서 목을 숙여가며 인사를 거듭하는 그녀를 보며, 일생에 한 번 있는 일이니 망정이지 두 번 있었다간 목에 디스크라도 생기겠구나 하는 노파심이 들 정도다.

하객들은 전통 음악과 춤을 관람하며 준비된 음식과 보드카를 즐겼다. 분위기가 무르익자, 남녀 구별 없이 신랑 신부석 무대 앞에서 연회가 시작되었다. 하객들 손에 끌려나온 신랑 신부도 함께 즐기는 모습이 무척이나 인상적이다. 격식을 따지지 않고, 주변 일가친지들과 함께하는 통과의례의 하나로 비쳐진다. 축하객들의 인사말과 선물 증정 등 한국의 결혼 잔치와 흡사한 점이 많은 것 같다. 나 또한 술을 한잔 드신 신부 아버지 손에 이끌려 무대 쪽으로 나가서 밤이 깊도록 시간을 함께했다. 서양식이나 일본식처럼 너무 격식에 치우치지 않고, 참석한 모든 이가 다 같이 즐기는 풍습이 정겹게 느껴진다.

중동 지역의 이슬람 문화권은 물론, 기후적으로 무덥고 건조한 사막의 오아시스 지역이나 스텝 유목 지역의 경우, 대개가 태양 볕이 뜨거운 낮 시간을 피해 서늘한 밤 시간대를 택해 연중행사나 결혼식 등을 거행하는 것은 고대 때부터 환경에 적응하며 살아왔던 삶의 지혜다. 게다가 현대화된 요즘은 직장을 마치고 참석하는 사람들이 많으므로, 이래저래 모든 이들이 다 함께 즐길 수 있다. 토요일과 일요일에 결혼식이 집중되는 우리와는 사회적 관습 차이를 느낄 수 있는 단면인 것 같다.

2차를 가자는 것을 사양하고는 민박집으로 돌아왔다. 육신도 때로는 쉬게 해주어야 한다. 다음 날 오전 내내 난롯가에 앉아 책을 보며 시간을 보내고는 정오쯤에 못다 본 유적지를 둘러보러 나섰다. 유적지 건축물이나 박물관을 찾는 것도 좋지만, 시장을 거닐며 사람 사는 모습을 관찰하는 것도 여행의 맛이다. 이 지역 사람들은 어떤 복장들을 하고, 어떤 얼굴들이며, 그들의 얼굴에서 풍겨 나오는 느낌은 어떤지 등 삶의 현장을 바라볼 수 있다. 이러한 관찰을 통해 흘러가는 역사 속에 있는 현시점에서 그들의 생활 모습은 물론, 문화의 유래와 기후적, 지리적 풍토성을 이해하는 데 무엇보다도 유용한 살아 있는 자료를 얻을 수가 있다. 이런 부분들이 바로 유명한 유적지와 박물관 등만을 위주로 돌아보는 단체 관광과 배낭여행의 차이가 아닐까.

사마르칸트
아무것도 하지 않아도 변화는 계속된다

고도 사마르칸트에 입성

다음 날 아침, 꼭 다시 오고 조심해서 여행하라며 손목을 꼬옥 잡으시는 민박집 아주머니를 뒤로하고 출발하였다. 얼마간은 조용히 쉬고 싶지만 시간적인 여유가 없었다. 우즈베키스탄엔 돌아볼 곳도 많을 뿐더러, 수도 타슈켄트에서 비자 준비와 월동 장비들도 구입해야만 했다.

들녘은 이미 추수를 끝내고 앙상히 남은 목화 나무줄기만이 짙은 밤색으로 지평선 끝까지 늘어서 있다. 논밭에는 겨울 채비를 하는 듯, 소와 양 떼들이 물기도 없는 메마른 풀잎을 뜯고 있다. 한없이 한가로운 풍경이다. 도로가엔 아무런 변화도 없이 계속되는 풍경이지만, 옛 추억의 늦가을을 떠올리게 해서 좋다. 부하라 시 외곽부터 도로는 8차선 국도로 바뀐다. 고속도로라는 개념이 그다지 없는 이곳인 만큼, 8차선 국도에는 트랙터도 다니고 소와 양 떼들도 다니는. 모두를 위한 도로인 셈이다. 대평원 속으로 지평선 끝까지 일직선으로 이어지는 국도 M37호선을 따라 달려, 이틀째 되는 저녁 무렵 석양을 등에 지고 사마르칸트(Samarkand)로 입성했다.

생각보다 도시가 꽤 큰 규모다. 2,500년 이상의 역사를 간직하는 도시인만큼 당연한 것이겠지만, 실크로드의 조그만 오아시스 도시쯤으로 생각했던 내 선입관에 문제가 있었던 것이다. 물론 현대에 들어와서 시가지가 많이 확장된 것도 사실이지만, 구소련 특유의 무미건조하게 획일화된 도시 계획 세례를 벗어나지 못한 연유에서인지, 고도 古都라는 느낌은 그다지 안 든다는 게 사마르칸트에 입성한 나의 첫 인상이다.

자신들은 지구상에서 둘도 없을 만큼 아름다운 도시인 상트페테르부르크나 키에프와 같은 도시를 그대로 보존하면서, 허울도 좋은 사회주의 국가 건설이라는 슬로건 아래 다른 연방 국가들에선 역사적, 문화적 유적들에 대한 아무런 배려도 없이 완전히 망쳐놓은 것을 보면, 인류 역사를 위해 아무런 도움도 안 되는 존재들이라는 생각이 든다. 말이 연방 국가에 소속된 나라들이지, 완전히 식민지에 불과했던 것이다. 구소련 연방으로부터 신생 독립한 카프카스 3국과 중앙아시아 나라들을 돌아보면, 진국은 다 빠져나가고 병든 몸체만을 안고 허덕이는 현지의 참혹한 모습들이 노동자들의 낙원을 부르짖던 사회주의 소련 연방이 남긴 잔재가 아닌가 한다.

론플랜(Lonelyplanet-영어로 된 배낭여행 전문 안내책자-의 약칭)에 소개되어 있는 숙소를 찾았다. 사마르칸트는 중앙아시아 여행지 중에서도 가장 유명한 곳으로, 값싼 숙소 찾기가 쉬운 일이 아니다. 가장 싸다는 숙소를 찾았는데도, 부하라 민박집에 비해 다섯 배나 되는 가격이다.

물론 이 가격은 외국인에게 적용되는 요금이다. 배고픈 장기 배낭여행자들이 무슨 돈이 있다고, 에어컨에 화장실까지 달려 있는 버스와 비행기로 이동을 하는 단체 관광객과 똑같은 요금을 적용하는지……. 울며 겨자 먹기식이다. 달리 선택의 이유가 없다.

푸른색의 고도 사마르칸트의 심벌인 레지스탄 광장에서

구소련권에 속해 있던 나라들을 여행하다 보면 본의 아니게 짜증이 날 때가 많다. 초청장 없이는 비자를 발급하지 않는다는 규정과 호텔은 물론 대중교통 수단, 박물관, 유적지 등의 입장료가 현지인들에 비해 최소 다섯 배에서 열 배가량이나 되는 가격을 적용한다는 점 때문이다.

이럴 때는 '아예 달러 달라고 대통령이 나와서 구걸을 해라.' 하는 심정까지 든다. 왜냐하면 외국인 요금을 낸다고 해서 조금이나마 특별 대우를 받는 것도 아니기 때문이다. 오히려 하룻밤을 머물러도 경찰에 등록을 해야만 숙박업소에서 외국인을 받는 등, 손님 대접은 못할망정 오히려 현지인들보다도 부당한 대우를 받는 게 대부분이다. 이러니 성격 좋은(?) 나로서도 짜증을 안 내려고 해도 안 낼 수가 없다. 아예 체념을 하거나 잊지 않으면, 여행을 하다가 성격이 많이 거칠어지는 면 또한 없지 않다.

통일신라 사절단

한국 여행자가 사마르칸트 유적지 중에서 가장 관심을 가지는 곳이 사마르칸트 역사박물관이다. 이곳에는 영주領主의 집에서 발견된 7세기 때의 것으로 보이는 벽화가 보관되어 있다. 이 벽화는 이슬람 아랍 제국 세력이 침입하기 이전, 당시의 번성했던 생활상이 그려져 있는데 제관식에 초청 받은 각국의 사신들의 행렬이 그려져 있다. 흰 코끼리를 타고 인도에서 온 사절단, 낙타를 탄 사절단, 하얀 학의 모습, 중국에서 사절단과 함께 온 공주의 모습 등이 그려져 있다. 여기에 중국 사절단 행렬 뒤쪽에, 머리에 깃털을 꼽은 통일신라로부터 온 두 명의 화랑도 모습을 한 사절단도 있다. 벽면의 색이 거의 떨어져 나가서 색깔 구분은 불가능하지만, 그 형태는 주의 깊게 보면 알아볼 수 있을 정도다. 고려 초기에 색목인色目人이 낙타를 타고 개성에 입성한 기록이 남아 있는 만큼, 한반도 사람들도 당나라를 통해 사마르칸트 왕국과도 교류를 했었음을 추측할 수 있다.

박물관을 갔다 오는 길에, 비비 하눔 사원 옆에 있는 사마르칸트 최대의 시장인 시압(Siab) 바자에 들렀다. 과일은 과일상 전용 건물에, 야채, 곡류 등은 각각의 전용 대형 건물에 시장이 펼쳐져 있다. 반찬 종류를 파는 건물 쪽으로 발걸음을 옮겼다. 그곳엔 각가지의 반찬들을 수북이 담은 그릇들이 즐비하다. 반찬을 한 점 한 점 맛보는 것도 재미있는 일이다. 그곳의 맛을 알 수 있고, 또 그곳 사람들의 식성을 알 수 있기 때문이다. 역시 소문 듣던 대로다. 고려인 아주머니들이 김치와 각종의 나물들을 팔고 있다. 정겨운 풍경이다. 그리고 보니 부하라의 바자에서도 똑같은 풍경이 있었다. 김치와 코리언! 떨어지래야 떨어질 수 없는 인연인가 보다.

호텔로 돌아와서 고려인이 경영하는 카페에서 국수를 주문하자, 밥을 해줄 테니 밥을 먹으란다. 국수와 밥 차이를 아는 고려인 아주머니. 분명 우리와 똑같은 코리언, 한민족이다. 이 날은 마지막 날이라 밤이 늦도록 얘기를 나누었다. 다음에 시간적인 여유를 가지고 다시 오겠다며 건강하시라는 인사를 남기고는, 헤어짐을 서운해하는 아주머니를 뒤로했다. 내일 새벽엔 타슈켄트를 향해 출발을 해야 한다.

길 떠난 자에겐……

사마르칸트의 구시가지를 벗어나면서부터 시작된 일직선 국도는, 옆으로 눈 덮인 산맥과 간격을 유지하며 벌판 한가운데로 이어지고 있다. 눈 덮인 산맥! 타지키스탄 서남쪽 파미르 산맥의 끝자락 부분이다. 단 하나의 변화도 주지 않는 국도 M39호선. 무장을 한 병사들이 손을 들고는 앞을 막았다. 우즈베키스탄과 카자흐스탄 국경이다. 중앙아시아 나라들은 국경이 복잡하게 들어가고 나오고 하기에, 일직선 도로만을 따라 달려도, 어느새 다른 나라 국경에 접어드는 경우가 많다. 소련 연방 때 난 도로들이다. 그때는 같은 연방에 속해 있었기에 국경이란 개념 없이 오고 갈 수 있었다. 연방으로부터 민족 단위로, 사용하는 언어 단위 등으로 국경선을 정하다 보니 상당히 복잡해진 것이다. 신생 독립을 이룩한 지 10여 년밖에 지나지 않은 시기이고 보니, 각 나라들에서 민족주의가 고양되고 있는 실정들이어서 국경선은 더더욱 두터워지는 느낌이다.

타슈켄트로 가려면 카자흐스탄 땅의 일부분을 통과해야 한다. 도로가 그렇게 나 있다. 현지인들의 경우, 정부 간의 상호 협정이 있기에 통과 비자 없이도 아무런 문제가 없지만, 외국인 여행자의 경우 문제를 삼으려면 큰 문제가 될 수도 있다. 간단한 얘기로 무비자 불법 입국자는 입국관리법에 의해 체포될 가능성이 있다. 대개는 여행 중인 나라의 유효한 비자를 보여주며 사정 설명을 하면 별 문제없이 통과시켜 준다. 담당 경찰에 따라선 뇌물을 요구하는 사례가 많다는 여러 여행자들의 보고 사례도 많이 있다.

자전거 여행의 경우, 국경을 통과할 때 뇌물을 요구하는 경우는 거의 드물다. 오히려 아무런 짐 검사도 하지 않고, 세관 신고서도 이쪽이 요구해도 그냥 가라면서 편리를 보아준다. 지난해 중동 여행 때도, 이번 여행에서도 독일을 출발하여 여기까지 열두 개 나라 국경을 스물네 번이나 통과했지만 짐 검사를 요구하는 일은 단 한 번도 없었다. 유일하게 카자흐스탄 출국 도장이 없다면서, 우즈베키스탄 경찰이 국경에서 뇌물을 요구해 온 것이 전부다. 그것은 경찰의 무지에서 오는 요구이자 월권 행위였기에, 결국 아무런 문제없이 통과를 했었다. 대부분의 국경에서는 따뜻하게 맞아주며, 국경에 밤늦게 도착하면 자기들 숙소에서 자고 가라면서 음식을 만들어주는 등 친절을 베풀어주기도 한다.

이곳에서도 아직 체류 기간이 유효한 우즈베키스탄 여행 비자를 보여주며 타슈켄트로 가는 길이라고 설명을 하자, "프리야마(직진)!"라고 하며 통과시켜 주었다. 융통성이 있다. 자전거로 여행하는 외국인을 잡아놓고 괴롭힌들, 자기 자신들에게 아무런 이득도 없는 게 사실이다. 설령 뇌물로 1~2달러를 받을 수 있다고 해도, 친절함으로 인사를 나누는 것이 서로를 위해서 좋은 일이기도 하다. 만약 저쪽에서 문제로 삼고 시비를 걸어온다면 이쪽에서도 물러서지 않음은 당연하다. CIS 비자협정법과 국제관례법 등 정당한 사유는 얼마든지 있다.

여행 중에는 특별한 경우를 제외하고는 가급적 문제를 내지 않고 피하는 입장이다. 최악의 경우엔 대사관에 연락을 해서 직접 얘기하라면서 밀어붙인다. 일개의 국경 검문소 경찰이 한 나라를 대표하는 대사관과 부닥치게 되면 자신에게도 아무런 소득이 없다는 것은 그 자신도 알고 있을 뿐더러, 상관들도 쓸데없이 문제를 만드는 부하를 곱게 보지 않는 건 자명하다. 위법은 이쪽에서도 행하지 않을 뿐더러, 가급적이면 좋은 게 좋은 것이기에 참고 넘어간다. 하지만 문제가 아닌 것을 문제시할 땐, 그에 응당한 결과로 완전히 초토화를 시켜버리는 성격이다.

타슈켄트 입성

사마르칸트를 출발하여 이틀째 날 석양이 저물 때쯤, 우즈베키스탄 수도 타슈켄트(Tashkent)에 입성했다. 중앙아시아 최대의 도시인 타슈켄트는 바둑판처럼 잘 정비되어 있으며, 도시 외곽에서 시내까지의 거리도 15킬로미터나 된다. 지금까지 여행해 본 50여 개 나라들 수도 가운데서, 타슈켄트처럼 넓은 도로와 가로수 등이 잘 정비되어 있는 곳은 일찍이 본 적이 없을 정도다. 교통량이 그다지 많지 않거니와 우선 시내에 난 도로들 대부분이 왕복 6차선이다. 앞으로 국가 경제 발전에 대단한 원동력으로 기여하리라 생각된다. 교통 체증이란 단어가 이 나라 국어사전엔 없을 것 같다는 생각마저 든다.

여행자들 사이에 전설이 된 숙소를 찾았다. 외국인 요금을 요구하지도 않을 뿐더러, 시설이 조금 오래되긴 했어도 욕실과 화장실이 있는 방이 한국 돈으로 꼭 1,000원 정도의 가격이다. 호텔 방도 이중문으로 도난이나 치안에도 아무런 문제가 없을 것 같고, 직원들도 마음에서 우러나는 친절함이 몸에 배어 있다. 여행기 연재 작업도 해야 하고 해서 책걸상을 물어보자 당장 갖다 주겠다는 것이다. "감동!"

타슈켄트에서는 처음부터 느낌이 좋은 걸 보면 뭔가 좋은 일들이 생길 것 같은 예감이다. 이곳에선 앞으로의 여정을 위해 처리해야 할 일들이 많은 것도 사실이지만, 얼마간의 시간적 여유도 있다. 여정 계획을 세울 때 중간 기착지로 유럽과 아시아 대륙의 접경 지점인 이스탄불, 중앙아시아의 정중앙 지점인 타슈켄트, 그리고 중국의 정중앙 지점인 시안西安(중국 산시성에 있는 도시. 옛 이름은 장안長安이었다.)을 정해 놓고 있었다. 이것은 거리로도 4분의 1지점이기도 했지만, 다음 행선지를 위한 비자 준비와 정보 수집 및 장비 보충과 수리 등이 가능한 지역이기도 하기 때문이다.

이곳 타슈켄트에서는 먼저, 다음 행선지인 키르기스스탄의 비자와 카자흐스탄 그리고 중국 비자를 취득해야 한다. 비자 취득에도 신청지에 따라서 상당히 까다롭거나 유효기간에 많은 차이가 나는 경우가 종종 있다. 중앙아시아 나라들 중에서는 타슈켄트가 가장 유리한 조건 속에서 비자 취득을 할 수 있는 곳으로 알려져 있다.

그다음이 정보 수집인데, 이곳 일본 대사관에 일본 배낭여행자들이 남긴 여행 정보 노트가, 중앙아시아에서는 유일하게 비치되어 있는 것으로 알려져 있다. 일본 여행자들의 정보 교환은 세계적으로 알려진 일본 기업들의 정보망처럼, 배낭여행에 대한 최근 여행 정보들이 어느 나라 여행 정보망보다도 많고 정확하며, 또한 저렴한 가격으로 여행할 수 있는 방법들을 소개하고 있다.

세 번째가 이곳에서 월동 장비를 보충해야 한다는 점이다. 월동 장비들은 대개가 부피와 무게가 많이 나가는 것들이 대부분이므로, 사전에 준비를 해서 가지고 다닐 수가 없다. 우선 가장 시급한 겨울용 침낭과 눈 속을 걸을 수 있는 등산화를 구입해야 한다. 그 밖의 장비들은 유럽이 아닌 이곳에서 등산용이나 자전거용의 특수 장비 구입이 불가능할 경우를 생각하여, 물자가 풍부한 이스탄불에서 준비를 끝내놓았었다.

초겨울로 접어드는 타슈켄트 시내

그런데 비자와 장비 준비를 위한 경비를 인출하기 위해, 타슈켄트에 있는 우즈베키스탄 국립 은행에서부터 유럽계 은행까지 다 돌아다녀 보아도 현금인출기가 없다. 이건 큰 문제가 아닐 수가 없다. 나는 현금카드 한 장만 가지고 있을 뿐, 신용카드 같은 것은 전혀 없기 때문이다. 신용카드가 아닌 관계로 이런 곳에서는 현금인출이 불가능하다는 것이다.

해외여행에서 여권 다음으로 준비해야 하는 게 신용카드와 여행자 수표(TC, Traveler's Check)다. 모르는 바가 아니지만, 여러 가지 사정으로 인해 일반 현금인출 카드 한 장만을 달랑 들고 나왔었다. 최후로 찾은 곳이 한국계 D은행이다. 이곳에서도 역시 안 된단다. 어쩔 수 없는 일이다. 긴급 지원 요청이다! 다행히 한국계 은행인 만큼, 한국으로부터의 송금에는 몇 시간 안 걸린단다. 여기서 한국인 부행장 님의 배려로 급히 송금을 받았다. 막 은행을 나서려는데 한국어로 '교민신문'이란 게 보여서 한 부를 얻어왔다. 우즈베키스탄에 한국 대기업과 투자 이민을 한 교민들이 많이 있다는 이야기는 듣고 있었지만, 신문을 살펴보니 실제로 각 분야에서 많은 교민들이 활동하고 있는 모습들을 볼 수 있었다. 교민들이 많은 지역에서도 가급적이면 여행 위주로만 움직인다. 스쳐 지나가는 여행자이기에, 터전을 잡고 생활해 가는 사람들에게 가급적 누를 끼치지 않겠다는 생각에서다.《교민신문》을 대충 훑어보고는 제자리에 놓았다.

이제 비자 관계 문제를 처리해야 한다. 키르기스스탄 대사관은 소문 듣던 대로 초청장과 같은 아무런 서류도 없이, 그 자리에서 한 달짜리 여행 비자를 발급해 주었다. 젊은 영사가 나와서 친절하게도 안전 문제 등에 관해 대략의 설명을 일부러 해주었다. 여러 나라 대사관을 들러보았지만, 이처럼 친절한 대사관은 처음 있는 일이다. 특히 젊은 영사의 친절이 상당히 인상적이다. 한 나라를 대표할 만한 외교관다운 행동이다.

키르기스스탄 비자를 빨리 받은 관계로, 아직 얼마간 시간이 있어 중국 대사관으로 향했다. "비자를 신청하려는데······." 하자, 대뜸 초청장이 있어야 한다는 것이다. 뜻밖의 일이다. 이곳에서 무슨 수로 초청장을 받는다는 말인가. 중국 여행까지는 아직도 시간적인 여유가 있고 최후엔 통과 비자로 입국해서 비자를 연기하는 방법도 있다. 이것이 불가능할 때는 이스탄불이나 홍콩으로 비자를 받으러 갔다 오는 방법도 있다. 우선은 백방으로 수소문을 해놓을 수밖에······. 여행을 계속하면서 가능한 방법을 찾아보자고 생각했다. 중국 비자에 초청장! 아닌 밤중에 홍두깨를 맞은 셈이다.

비자 문제 한 가지 일에만 너무 매어 있을 수도 없다. 등산화는 시장에서 중국제를 구입하여 강력 접착제로 다시 손질을 했다. 문제는 겨울용 침낭이다. 타슈켄트 시내의 유명 백화점에서부터 스포츠 용품 전문점까지 다 돌아다녔지만, 겨울용 오리털 침낭은 어디에도 없다. 영하 20~30도를 견디려면 겨울용 침낭이 없어서는 안 된다. 키르기스스탄은 톈산산맥天山山脈과 파미르 산맥이 이어지므로, 다른 건 몰라도 돈을 들여서라도 침낭만은 괜찮을 걸로 구해야 한다. 하늘만 쳐다보고 기다릴 수도 없다. 우선 다음 일을 끝내야 한다. 고민할 시간적인 여유가 없다는 것도 때로는 고민을 덜하게 해서 좋다.

여행기 연재 원고도 정리해서 보내야 한다. 연재 원고는 그때그때 메모해 둔 것들을 정리하여 작업을 하는데, 계속해서 자전거 핸들만 잡고 있던 손으로 글을 쓴다는 게 녹록지 않다. 대충의 정리를 끝내고 한글 타이핑을 위해 인터넷 카페를 찾았다. 다행히 한글 서체가 있다. 그런데 시간당 3달러다. 인터넷 보급이 일반화되지 않은 지역이기에 비싸다. 현지 물가로는 굉장히 비싼 가격이 아닐 수 없다. 평소에 한글 작업을 거의 하지 않는 관계로 한글 타이핑이 느린 것도 사실이지만 원고의 양도 적지 않다. 최소 열 시간은 앉아서 타이핑을 해야 한다. 여행 중에 이런 거금을 출혈할 수는 없다.

경비를 절약하는 방법은 있다. 그런데 일이 많아진다. 시간과 노력은 무엇과도 바꿀 수 없는 소중한 것이다. 방법이란 지금까지 몇 번 사용해 온 방법이다. 현지에 한글 서체가 없거나 인터넷 비용이 비쌀 경우, 원고를 깨끗하게 재정리를 하여 디지털카메라로 촬영을 해서 메일로 한국에 보낸다. 한국에서 타이핑 작업을 끝낸 원고를 이메일로 받아서, 교정 작업을 한 뒤 신문사로 송신하는 방법이다. 삼중 사중의 작업이다. 한국에서 원고 입력 작업을 도와주는 젊은 친구들은, 그들대로 문서 촬영으로 보내온 원고를 비문碑文 해독하듯 작업을 진행해야 하므로, 그들로서도 대단한 고역이다. 팩스를 이용하여 신문사로 바로 보내는 방법도 있다. 그러나 팩스 보내는 가격 또한 무시할 수 없거니와 신문사 사람들은 여행 다니는 나보다도 더 바쁜 사람들이기에 수고를 끼칠 수가 없다.

  내가 노트북을 가지고 다니는 줄로 알았다는 사람들이 많다. 노트북에 배터리 등을 합치면 족히 3킬로그램이나 된다. 무게도 무게지만 이동하는 동안 계속적인 충격으로, 달리는 도로에서 단 하루도 못 버티고 고장이 날 것이다. 그러면 어깨에 지면 되지 않느냐고 하겠지만, 3킬로그램이나 되는 무게를 짊어지고 하루 열두 시간 자전거를 달리면, 실제로는 30킬로그램 이상의 무게를 느끼기에 처음부터 엄두를 낼 수가 없었다. 이것이 원고 연재 작업에 어려움이 따를 것을 각오하면서도 노트북을 가지고 나오지 않은 까닭이다.

키르기스스탄

 여행에서 얻는 추억은 만남과 어려움

국경 포인터……?

12월 1일 오후 2시경, 국경선에서 뒤를 한 번 돌아보고는 키르기스스탄(Kyrgyzstan)에 입국했다. 우즈베키스탄 국경과는 뭔가 분위기부터가 다르다. 국경이라는 느낌을 주는 것은, 방탄조끼에 실탄을 장전한 자동소총을 들고는 빙그레 웃고만 있는 군인 둘이 전부다. 세관 문제는 둘째치고 입국 도장을 받아야 하기에 출입국 관리소 건물이 어디인지를 물었다. 그런 건 없다고 한다. 국경이 엄연히 철책을 사이에 두고 존재하고, 또 우즈베키스탄 쪽 국경 검문소에서는 출국 도장과 함께 세관에서 엑스레이 검사까지 했다. 그런데 같은 국경 지점에서 아무런 여권 검사도 없으니 믿을 수가 없다. 국경 통과 때 입국 도장을 받지 않았을 경우, 출국 때는 물론이고 경찰들의 검문 때 불법 입국자로 몰려 문제가 복잡해진다.

카자흐스탄에서 우즈베키스탄으로 스텝 지대를 통과하여 입국하였을 때, 광활한 스텝 속에서 카자흐스탄 국경 검문소가 없었던 관계로 그냥 우즈베키스탄에 입국하였다. 결국 우즈베키스탄 쪽 경찰에게 카자흐스탄 출국 도장이 없다는 이유로, 장시간에 걸쳐 뇌물 요구와 함께 괴롭힘을 당했었다. 아무리 '중앙아시아의 스위스'를 내걸고 있는 키르기스스탄이지만, 국경에 출입국 관리소는 물론 세관조차 없을 수가 있는가? 국경을 통과하는 현지인들을 바라보아도, 키르기스스탄 쪽에서는 아무런 수속도 없이 자연스럽게 통과하고 있는 모습들이다.

하얀 눈에 덮인 오슈 시내 풍경

로마에서는 로마법을 따라야 하는 법! 한 달짜리 여행 비자를 가지고 있는 한, 경찰들의 검문 때 문제가 발생한다 해도 크게 문제될 건 없다. 또 입국 도장이 없는 게 내 잘못은 아니기에 얼마든지 해결할 수 있다. 국경을 통과하여 1킬로미터가량을 달렸을까, 곧 도시 외곽에 도착했다. 이곳이 키르기스스탄의 제2의 도시인 오슈(Osh)다. 한 나라의 제2의 도시에서 1킬로미터 떨어진 곳에 국경이 있는 것은 구소련 연방에서 신생 독립한 중앙아시아 나라들에서만 볼 수 있는 광경이다.

이와 같은 경우로 우즈베키스탄 수도인 타슈켄트가 카자흐스탄 국경에서 10킬로미터밖에 떨어지지 않는 곳에 위치하고 있는 점을 들 수 있다. 또 수도 이전으로 현재는 수도는 아니지만, 카자흐스탄 제1

의 도시인 알마티가 산맥 하나를 사이에 두고, 키르기스스탄 국경에 접하고 있는 것도 그 대표적인 예이다. 신생 독립을 이룩하긴 하였지만 10여 년이 지난 지금까지 군사 작전권은 러시아가 행사하고 있는 체계인데 아직은 상호 간에 특별한 대립은 없다. 그러나 소위 말하는 CIS(독립국가연합)협정이 붕괴될 때에는, 수도나 제1,2의 도시들이 국경을 접하고 있는 점이 군사적으로나 외교적으로도 새로운 문제로 대두되리라 생각된다.

어여쁜 흑장미

숙소에서 체크인을 하려 하는데, 현지인 요금보다 세 배나 비싼 외국인 요금에다 경찰 등록까지 물어왔다. 키르기스스탄의 경우, 입국 후 72시간 이내에 출입국 관리국 소속 경찰서에 외국인 등록을 해야 되는 걸로 되어 있다. 가는 날이 장날이라고 도착한 날이 토요일이다. 그래서 월요일 오전 중으로 등록을 하겠다고 하자, 외국인 등록이 없는 사람은 손님으로 받을 수 없다고 했다. 정말, 융통성이 없는 사람들이다. 구소련의 사회주의 관리 체제에 익숙해 있던 사람들인 만큼, 어쩔 수 없는 일이다. 한참 실랑이를 벌이고 있는데, 뒤에서 영어로 말을 걸어오는 아리따운 목소리가 들려왔다.

이십 대 초반으로 보이는 젊은 아가씨가 유창한 영어로, 뭐 도와드릴 게 없냐는 것이다. 세상사, 다 살아나는 구멍이 있는 것이구나! 사정 설명을 하자 잠깐 기다리라며 몇 군데 전화를 돌리고 나더니 전화로 외국인 등록을 할 수 있도록 시간 예약을 받아놓았으니 함께 가잔다. 상황이 상황이라 통성명도 못한 채 택시를 타고 출입국 관리소로 향했다. 접수 서류가 모두 러시아어로 표기되어 있다. 여권을 내밀자

순박한 얼굴에 수줍게 미소를 머금은 흑장미 미라

상냥한 아가씨가 대신 기입을 해주고는 등록 수수료를 물어왔다. 이 나라에 방금 도착해서 현지 돈을 가지고 있지 않다고 전하자, 대신 지불하겠다고 한다. 큰 돈은 아니지만 너무나 고마운 일이다!

자신의 이름을 '미라(Mila)'라고 소개한 어여쁜 아가씨 덕분에 외국인 등록 문제가 무사히 끝나게 되었다. 키르기스스탄의 첫인상이 무척이나 좋은 느낌이다. 여행 중엔 어려운 문제와 황당한 일들에 처할 경우가 많다. 그때그때 만나는 흑기사와 흑장미와 같은 사람들의 도움 덕분에 일들을 무사히 해결하는 경우가 많다. 이러한 만남과 어려움들이 여행에서 얻는 추억이자, 오래도록 기억에 남는 인연들이다.

겨울 속으로 흐르는 그리움

숙소 근처에 있는 식당에서 저녁을 먹고 있는데, 성에가 가득 낀 창 너머로 함박눈이 내리는 게 보인다. 드디어 겨울 속으로 접어들었구나. 산맥을 넘어야 할 앞일에 대한 걱정보다도, '정말 아름다운 밤이구나!'라는 감상이 자리하는 순간이다. 내일 일은 내일 생각하면 된다. 이 아름다운 순간을 내일 걱정으로 망치고 싶지는 않다. 그렇다. 떠나온 함부르크도 북유럽권에 속하는 위치라 겨울 내내 눈이 자주 내리곤 했다. 그다지 많은 양의 눈도 아니고, 그 다음날 오후쯤이면 녹아버리곤 했지만 가로등 불빛 아래 휘날리는 하얀 생명들의 무희를, 단칸방 창문 옆 책상에서 새벽녘까지 지켜보곤 했었다.

여행을 떠나 온 지도 9개월째로 접어들었다. 심신이 조금은 지쳐 있는 내 자신이다. 밤이 깊도록 끝없는 토론 속에 함께했던 그 동료들이 그립다. 그들은 잘들 있는지……. 언젠가 꼭 다시 만나고 싶은 사람들이다. 함부르크와는 달리 정전으로 가로등 불빛조차도 잠들어 버린 오슈의 밤거리를 홀로 걷고 있다. 돌아오길 기다리는 동료들이 있기에 그다지 외롭지 않은 밤길이다. 눈이 내리는 밤이면 새하얗게 한 점 티끌조차 감싸 안은 은박의 세계가 기대되는 철없는 내 자신이다. 다음 날 아침 일찍 일어나 아침 산책에 나섰다.

아리랑 카페

밤새 소리도 없이 내린 눈은 추위 탓인지 나뭇가지 위에도, 지붕과 담장 위에도 수북이 쌓여 있다. 아! 아름다운 세상이여…….

눈이 많지 않은 남국에서 자란 나이기에, 어릴 적부터 백설로 휩싸인 은백의 세계를 동경해 왔었다. 내년 봄까진 온통 눈 속에 자리하는 세상 속에 살 수 있을 것이다. 무구無垢한 공간에 남기는 내 발자국들의 이어짐과 사라짐을 동시에 느끼는 무상無常의 세계를 접하는 것은, 겨울 여행의 또 하나의 풍미가 아닐 수 없다. 시내 가운데로 난 레닌 도로를 따라 얼마를 걸었을까. 러시아어로 '아리랑카페'라는 간판이 보인다. 아침이라도 먹을 겸해서 들어가 보니, 조그만 주점을 겸한 식당이다. 따끈한 오차 잔을 들고 온 삼십 대 중반으로 보이는 여인에게 한국말로 "안녕하세요." 하자, 자신은 고려인이지만 한국말은 못한다며 미안해하는 표정이다.

국수 한 그릇을 주문하고는 오차를 마시고 있는데, 주방 쪽에서 건장한 친구가 다가와선 영어로 말을 걸어왔다. 여인의 남동생으로 누나와 함께 카페를 경영하고 있다고 한다. 우리 셋은 찻잔을 사이에 두고 앉아 남동생의 통역으로 이런저런 얘기들을 나누기 시작했다. 그들의 얘기에 의하면, 부모님 때 우즈베키스탄에서 이곳으로 이주해 왔단다. 오슈에만 약 1,000명가량의 고려인들이 살고 있고, 키르기스스탄의 수도인 비슈케크(Bishkek)에 더 많은 고려인들이 살고 있을 뿐만 아니라, 키르기스스탄에만도 18,000명에 가까운 고려인들이 있다고 한다.

강제 이주된 고려인들의 경우 2세들은 어느 정도나마 한국말을 할 수 있지만, 3세에 접어들면 한국말은 전혀 모르고 러시아어로만 생활하고 있는 실정이란다. 중앙아시아의 대부분 고려인들의 경우 중류층 정도의 생활수준을 유지하고 있으며, 대부분이 자영업이나 시장에서 반찬 장사로 생활을 유지하고 있는 현실이라고 한다.

자료에 따르면 키르기스스탄에 정착하고 있는 고려인들의 경우, 1956년 이후부터 1967~1968년까지 타슈켄트에 일어난 대지진으로 도시가 붕괴되면서, 이곳으로 새로이 이주를 해온 것으로 되어 있다. 1937년에 스탈린에 의해 강제 이주된 고려인들의 경우, 1956년까지는 무국적자로 신분증(여권)이 발행되지 않아 자유로운 이동이 불가능했던 것으로 알려져 있다.

지금까지 만난 고려인들 중에 영어를 자유로이 구사하는 사람을 그다지 만나보지 못했었기에, 어떻게 영어를 공부하게 되었는가 하고 물어보았다. 캐나다로 이민을 생각하고 준비 중이므로 대학에서부터 영어를 집중적으로 공부해 왔다고 한다. 혹 한국에서 이민을 받아들인다면 한국으로 갈 생각은 없느냐는 나의 질문에 한국 사람들도 캐

중앙아시아 강제 이주 1세대 할아버지와 그의 자손들

나다나 호주 등지로 이민을 가는 지금, 굳이 한국으로 갈 필요가 있겠느냐는 그의 답변에 할 말을 잃었다.

다시 한 번 더 들르겠다는 인사를 남기고 거리로 나섰다.

'고국과 조국', 그리고 '내 나라' 라는 생각은 어떠한 것인가 하는 의문이 남는 화두를 받게 되었다. 그렇다. 강제 이주된 1세들에겐 분명 고국과 조국이 한반도였다. 그러나 2세와 3세들에겐, 이미 한반도는 더 이상 '내 나라' 는 아니다. 할아버지와 할머니, 부모님들의 나라인 셈이다. 내가 만난 고려인들이나 조선족 사람들은 분명히 자기 자신들은 '고려인'과 '조선족'이라고 말했다. 이 '고려인' 이나 '조선족' 이라는 그들의 말은, 한 민족이라는 표현이지 한반도가 그들의 조국이나 고국이라는 것을 뜻하지는 않는다.

역사를 통해 이민과 이주를 거듭해 온 중화 민족과 인도 민족, 그리고 추방과 멸시로 점철되는 역사 속에서도 유태 민족을 고집해 온 현 이스라엘이라는 나라를 건설한 민족들과는 대조적인 면이라고 할 수 있다. 앞에서 언급한 세 민족들은 부모님들의 아니 조상님들의 나라가 조국과 고국이란 생각을 가지고 있는 걸로 알려져 있다. 중화민족의 경우 전통문화와 인간관계의 결속으로, 인도인과 유태인의 경우 각각 힌두교와 유태교라는 고유의 민족 종교로 결속을 유지하며 이민사를 엮어왔다.

　반면 한민족의 경우, 그 무엇으로도 자신의 정체성을 간직하며 이민사를 엮어올 수 있는 요소가 희박했었다는 것을 반증하는 하나의 사실이 아닐까. 이와 같은 사실들은 우리들이 '한민족', '백의민족', '동방예의지국'이라는 말들을 아무런 생각 없이 내뱉기 전에, 우리 고유의 전통문화와 우리 민족의 정체성이란 과연 무엇인가 하는 근본적인 문제를 다시 한 번 심사숙고하게끔 하는 것이리라.

　　"중생아! 왜 그렇게 사니……."

　오슈를 출발한 지 9일째 되는 날 아침, 출발을 앞두고 앞으로의 도로 사정과 지형을 물어보자, 한마디로 "프라블럼 넷또(문제없음)"와 "프리야마(직진)"란다. 고맙다는 인사를 남기고는 산맥 속의 고원지대 속으로 이어진 일직선 도로를 달리기 시작했다. 오르막은 더 이상 없다. 사방으로 산맥이 둘러싸고 있기에 바람이라곤 한 점 없다. 고도가 높은 지대인 관계로 떠오른 태양이 정말 가깝게 느껴진다.

　도로는 태양열과 직사광선으로 인해 깨끗하게 단장된 아스팔트의 검은색이 끝없이 하얀 세계 속으로 이어져 있을 뿐이다. 고원 속으로 흐르는 강줄기를 따라 뿌옇게 피어오르는 물안개가 그 신비감을 더해 준다. 물안개가 짙어 순간적으로 도로 1미터 앞도 분간이 안 될 정도다. 무애無碍 속의 세계다. 눈으로 보기엔 장막으로 보이는 짙은 물안개이지만, 존재의 흐름을 방해하지 않고 받아들이면서도 또 자연스럽게 흘려보낸다. 인연의 흐름이, 대자연 속에 존재하는 느낌이다. 스치는 물안개! 집착 없이 맞이하고는 또다시 말없이 떠나보내는 모양이 눈에 보이지 않는 인연의 속성과 같다.

고원 속의 산허리를 한 번 돌면 그곳엔 또, 끝없이 이어지는 긴 직선이 있다. 도로 주변에 얼마간의 야생 말들이 얼어붙은 눈밭 속에서 인간의 조급함을 말없이 지켜보고 서 있다. 동물원에서는 사람들이 가둬놓은 동물들을 감상하고 감탄해

텐산산맥을 향한 길목에서

한다. 이곳은 그 반대 현상이다. 자연 속에 살아가는 야생마들이 아무런 움직임도 없이, 하얀 입김만을 뿜어내며 자전거로 달리는 인간이란 동물을 측은한 눈으로 바라보고 있다. "중생아! 왜 그렇게 사니, 자연인으로 살면 좋을 것을……." 하는 그들의 영혼의 목소리가 들리는 듯하다. 그래, 여기서 멈추어 잠시 쉬어가자. 그들의 측은지심의 심정이 내 의문이고, 지금의 내 심정이기도 하다.

도로변에 앉아서 말없이 중생을 지켜보는 야생말 한 마리를 응시하며, 고요한 그의 눈빛에 생각에 잠겼다. 긴 여정이, 걸어온 길만큼이나 길게 느껴지는 순간이다. 눈길 속에 남겨진 발자국조차 엷어져 사라져가는 길목에서, 나그네 홀로 독백 속에 지친 걸음을 재촉한다. 하얀빛의 공간 속에 존재하는 한 길. 어디로 달려가는 방향인가. 이제 걸음을 멈추고 '내 길'이 무엇인가를 생각해야겠다.

그래 옷을 벗자, 현상으로 엮어진 옷을 벗고 본연의 순수 인간의 모습으로 돌아가자. 물거품 같은 현상에 집착하고 매이는 삶은 그만두자. 내 자신에게 솔직하며, 때 묻지 않은 자연인의 모습으로 살아가

자. 인간애의 따뜻함을 멀리하고 살아왔다. 이제 인간 본연의 온정溫
情으로 돌아가고 싶다. 멀고도 긴 방랑길이었다. 결국 내 자신으로 돌
아올 길을……. 그렇게 번뇌하고 때로는 모르는 척하며 길을 헤맸던
가. 결국엔 이렇게 돌아올 길을……. 무애無碍의 삶 속에 너 자신을 두
려무나 행창아!

좋은 인연들

  당면의 목적지가 눈앞에 있다. 서둘러도 한두 시간 빨리 도착할 뿐
이다. 비슈케크를 50킬로미터 앞둔 곳에서 하루를 머물고는, 오슈를
출발하여 꼭 14일 만에 키르기스스탄 수도 비슈케크에 무사히 도착했
다. 우선 여행자들이 주로 머무는 시내로 가서 가까운 숙소를 찾았
다. 이곳엔 일본 여행자들이 남긴 여행 정보 노트가 있다는 얘기를
들었다. 비슈케크에서는 무엇보다도 중국 비자 발급 문제를 처리해
야 하므로 여행 정보가 필요하다. 중국 비자 다음이 카자흐스탄 비자
신청이다. 두 나라 모두 초청장을 필요로 하기에 연말연시를 맞아,
경우에 따라 시간이 많이
소요될 수 있다. 이번 여행
에서 이 골치 아픈 비자 발
급의 마지막 나라가 될 중
국이기에, 최대한 시간과
경비를 절약하기 위해선 비
슈케크에서 해결하는 방법
이 가장 바람직하다.
  최후의 방법으로 홍콩으

키르기스 국립극장

로 날아가 6개월짜리 복수 비자를 받아오는 걸로 작전 계획을 세웠다. 중국 대사관에 직접 가서 영사를 만났지만, 역시 초청장을 가지고 오란다. 지난해 9.11테러 사건 이후, 출입국 관리법이 바뀌어서 사정은 알겠지만 개인적으로 도와줄 수 없는 게 유감이란 말까지 더했다. 이곳에서 무슨 수로 중국으로부터 초청장을 받는담! 돌아오는 길에 여행사에 들러 홍콩 왕복 교통편을 알아보았다. 직항이 없는 관계로 두 군데를 경유해서 가야 한단다. 꼭 두 달분 여행 경비를 출혈시켜야 한다.

일단은 지친 몸을 쉬게 해야 한다. 심신이 피로할 땐 좋은 생각이 떠오를 수가 없다. 엎친 데 덮친 격으로, 한 나라의 수도이건만 비슈케크엔 현금인출기(ATM)조차 없다. 이삼 일 아무 생각 없이 쉬었다. 그러다 타슈켄트를 떠날 때 우즈베키스탄-한국 한방병원 김 원장 님께서, 혹 비슈케크에서 곤란한 문제가 생기면 아는 분이 있으니 연락하라며 전화번호를 손에 쥐어 주셨던 기억이 떠올랐다. 어려움이 없더라도 좋은 분이니, 꼭 한 번 만나라는 얘기도 있었다. 전화를 걸자 사무실로 와줄 수 있겠냐고 하신다. 유럽과 중동 그리고 키르기스스탄 정부의 공동 투자로 형성된 키르기스스탄 최대의 외자 은행이다. 상냥한 웃음으로 반가이 맞아주는 한국인이, 이 은행 행장이신 최광영 님이다. 국제 금융 전문가인 그의 이름은 타슈켄트에 있는 한국계 D은행에서도 접한 적이 있다. D은행에서도 초대 행장을 지내고는 지금의 자리로 옮겨온 것이다.

첫눈에 호인이라는 느낌이 가는 성품의 소유자다. 먼 길 오느라 고생이 많았다며 어려운 점은 없는지 먼저 물어오셨다. 그래서 우선은 한국으로부터 송금을 받고 싶고, 두 번째는 중국 비자를 발급 받기가 상당히 까다로운데 초청장을 받을 방법을 찾고 있다고 전했다. 서로가 외국 생활이 15여 년을 넘긴 사람들로, 용건만 간단히 얘기해도 알아들을 수 있었다. 송금 관계는 최 행장 님의 소개로 해결되었다. 중국 대사관에는 대사께 직접 전화를 해놓을 테니 서류 절차를 밟으면 될 것이란다. 다시 찾은 중국 대사관에서 초청장을 최대한 빨리 받을 수 있도록 알선해 주었고, 신청한 지 일주일 만에 초청장과 45일짜리 비자(중국 여행 비자의 경우 한 달짜리가 일반적임)를 발급 받을 수 있었다.

이미 연말연시에 접어들었다. 카자흐스탄 비자를 고민하던 중, 최 행장 님의 소개로 카자흐스탄 대사관에 영향력이 있는 한국인 사업가 한 분을 소개 받았다. 아직 삼십 대 중반인 사업가 김주태 님은 직접 카자흐스탄 거래처에 초청장을 부탁해 주고는, 비자를 신청하는 날 아침엔 현지 직원을 대사관까지 동행시켜 영사와 얘기 끝에 당일로 비자가 발급되게끔 편리를 봐주었다. 두 분의 도움으로 모든 일이 물 흐르듯 순조롭게 해결되었다.

연말이다. 여행자에게 연말은 그다지 마음이 편한 시기는 아니다. 하물며 여인숙 골방 같은 곳에서, 추위에 떨며 이불을 뒤집어쓰고 보내는 연말연시는 더욱 그러하다. 인연을 맺지 않고 사는 만큼 자유롭고 편한 출가자 신분이지만, 때로는 맺지 않은 만큼 고독할 때도 있다. 하물며 겨울철 여행지에서는 고독과 함께 뼛속에 스미는 추위 또한 어쩔 수 없다. 그렇다고 체질에도 안 맞는 번잡함을 찾지도 않는다. 그저 조용히 시간을 보낼 뿐이다.

이런 심정을 눈치 챘는지 김주태 님으로부터 저녁 초대가 있었다. 가까운 이들과 집에서 간단히 식사를 함께하려 하는데 꼭 와달라는 것이었다. 숙소까지 직접 데리러 와준 그를 따라 댁을 찾았다. 몇몇의 유학생들과 이곳에서 생활하는 교민들이 자리를 함께했다. 부인께서 손수 만든 음식들을 앞에 두고, 송년의 밤이 깊어가도록 얘기꽃을 피웠다. 좋은 인연들이다. 어떤 인연이든 간에 자신이 풀기에 따라 선연도 악연도 될 수 있다. 연초인 1월 10일까지는 중국 국경이 폐쇄된다는 소식을 접하고는, 얼마간을 더 비슈케크에 체류하기로 했다. 몇 번이고 사양해도, 추운 호텔보다 자신이 소유하고 있는 맨션이 비어 있으니 짐을 그곳으로 옮기란다. 사실 여행자에겐 호텔이 마음은 더 편하다. 그렇다고 한두 번도 아니기에 성의를 계속해서 모른 체할 수도 없다. 손수 운전을 하여 짐 옮기는 것을 도와주고는, 냉장고 가득 김치와 먹을 것을 채워주고 돌아가는 그를 보며, 세상엔 참으로 욕심 없이 살아가는 사람도 있구나 싶었다.

1월 12일. 밤새 눈이 내린 탓인지 숨소리조차 삼켜버릴 듯한 고요한 새벽녘, 키르기스스탄에서의 좋은 인연들을 가슴에 담고서 출발했다. 행선지인 카자흐스탄 국경까지는 키르기스스탄 수도인 비슈케크에서 북쪽으로 20킬로미터 남짓이다. 그다지 크지 않은 비슈케크지만, 국경까지의 도로에 아침녘 연기가 눈이 시립도록 청명한 하늘가에 머물곤 사라져가는 게 여행자의 발걸음을 재촉하게 한다. 얼어붙은 강을 사이에 두고 국경선이 그어져 있다. 15미터가량의 다리 건너편, 거대한 아치형 철제 건물 위에 카자흐스탄 국기가 펄럭이는 게 보인다. 우즈베키스탄에서 키르기스스탄 남쪽 오슈로의 입국 때에도 국경에 출입국 관리소가 없어 혼동을 겪었는데, 이곳 역시 키르기스스탄 쪽 국경엔 출입국 검사를 위한 아무런 건물 한 동도 없다. 강줄기를 국경선으로 삼고 있는 다리 위에 서서 뒤를 돌아다보았다. 언젠가 여름철에 다시 찾고 싶은 키르기스스탄! 다시 만날 그때까지 좋은 인연들의 안녕을 기원해 본다.

카자흐스탄으로

국경이라곤 도저히 믿겨지지 않는 짧은 다리를 건넜다. 동서로 흐르는 작은 강줄기는 이미 얼어붙은 지 오래된 듯 말이 없다. 좋은 인연들과의 작별을 아쉬워하며 국경을 넘어서고 있는 것이다. 다리가 끝나는 지점에 있는 간이 국경 검문소에서 내 여권을 보며 의아해하는 표정의 병사가 아무런 질문도 없이 입국 도장을 찍고는 넘겨준다. 세관 검사도 없는 셈이다. 본래 계획했던 루트인 카스피 해를 건너 투르크메니스탄으로의 입국이 아제르바이잔 수도 바쿠(Baku)에서 무산되는 바람에 계획에도 없던 카자흐스탄으로의 입국 이외에 달리 아무런 선택의 여지가 없었던 상황에서 방문한 것이 두 달 전이다.

이번 여정에서 두 번째 입국하는 카자흐스탄이다. 독일을 출발할 때 처음 계획했던 루트에는 카자흐스탄이란 나라는 빠져 있었다. 생각지도 않은 두 번째의 입국도, 여정 중에 만난 좋은 인연들과 헤어짐이 아쉬워 조금만 더 조금만 더 하다가 일정이 늦어진 부분도 있고, 예상치도 못했던 미국의 아프가니스탄에 대한 허울도 좋은 보복 전쟁으로 인해 여정이 두 달가량이나 늦어졌기 때문이다.

긴장감이 없는 국경선

처음 계획했던 키르기스스탄에서 토루가르트 고개(Torugart Pass, 3,752미터)를 넘어 카스를 통해 중국으로 입성한다는 계획이 한겨울 눈으로 도로가 차단되고 국경도 봄까지 폐쇄되었다는 소식을 접하고 난 뒤, 어쩔 수 없이 계획이 바뀌었다. 그것이 바로 카자흐스탄으로의 경유다.

여행자들의 경우, 중앙아시아에서 육로를 통해 중국으로 대개가 카자흐스탄 쪽 두 곳의 국경 포인터를 이용하거나, 모험을 즐기는 여행자들의 경우에는 일반적으로 키르기스스탄 쪽 토루가르트 고개를 이용한다. 물론 이 루트는 중국에서 실크로드 종주 때와 중앙아시아로 여행할 경우에도 같은 코스를 통해 출입국이 가능하다. 이 세 곳의 국경 포인터 이외에도 여러 개의 국경 포인터가 있지만, 현지인들(상호 국경을 접하고 있는 나라의 사람들)만이 통과가 허락되고, 외국인의 경우 통과가 불가능한 것으로 알려져 있다.

육로를 통해 여러 나라들을 찾는 장기 여행의 경우, 예상치도 않은 상황이 생기는 바람에 계획했던 나라에 입국하지 못하거나, 반대로 우연과 같은 필연으로 아무런 사전 준비도 없이 새로운 나라를 여행할 경우가 생기기도 한다. 국경을 접하고 있는 두 나라 사이에, 또는 민감한 국제 정세의 변동에 따라 국경 통과 여부는 물론, 갑작스러운 정세 변동으로 인한 치안 문제로 그곳 여행을 스스로 단념하지 않으면 안 될 경우도 종종 있다. 유럽과 아시아의 몇 나라들을 제외하고는 언제 어떤 변동 상황이 생길지 모르기에 여행 중에도 다음 행선지인 나라에 대한 정보 수집은 끊임없이 계속해야 한다.

아무런 상황 정보도 없이, 그저 몇 년 전에 발행된 여행안내 책자만을 믿고 여행을 하다간, 돌이킬 수 없는 상황에 직면할 수도 있다. 납치 정도의 상황이라도 일본이야 부자인 나라이기에 정부가 돈으로 해결을 해준다. 또 미국이야 워낙에 힘 좋은 나라이기에 자국민 여행자 한 사람의 구출을 위해서 군대까지 파견시킬 정도다. 그러나 한국 국적의 경우는 이것도 저것도 아니기에 자신의 신변 안전은 자기 책임으로 돌려진다.

중앙아시아 나라들도 이번 겨울은 40년 만의 기록을 세울 정도로 난동暖冬이라 한다. 여행자에겐 더할 수 없는 행운인 셈이다. 그러나 곧 영하 30도까지 치닫는 혹한이 온다고 하니, 여행을 10여 일 미루는 게 좋지 않겠느냐며 비슈케크 교민들이 출발을 만류했었다. 생각해 주는 마음들이야 고맙지만 더 이상 여정을 늦출 수가 없다. 추위를 생각한다면 이스탄불에서 겨울을 보내고 봄을 기다렸다가 출발을 했어야 했다. 10여 일! 길지도 않은 시간이다. 만약에 계속해서 추워진다면 어쩔 것인가? 결국 봄까지 기다려야 된다는 결론이다. 아직도 3분의 1이나 되는 거리가 남아 있다. 그러나 시간은 그렇게 많이 남아 있질 않다. 계획하고 나온 여정인 만큼 끝마무리를 잘해야 한다.

내 자신과 타협을 하고도 싶지만 지금은 아니다. 최악의 상태가 내 눈앞에 서서 갈 길을 가로 막는 순간이면 몰라도, 아직은 내 자신의 의지가 길을 좌우할 수 있는 상태다. 아무리 좋은 인연들이 붙잡는다 해도, 길 떠난 자에겐 자신만이 느끼는 시절이란 게 있다. 스치고 지나가는 여행지이지 내가 뿌리를 내리고 살 곳은 아니다. 물론 터전을 잡고 좋은 인연들과 어울려 한세상 살 수도 있다. 그러나 이것 또한 인연의 도래渡來가 있어야 하는 법이다. 이번은 여행지로 남겨두고 남은 길을 재촉해야 한다. 우연과 같은 필연의 인연을 찾아서라기보다 인연과의 만남에 내가 자리하기 위해서다. 이것이 길 떠난 여행자가 가지는 마음 자세다.

등반가가 "왜 위험을 무릅쓰고 산에 오르느냐?"는 질문에, "산이 그곳에 있기 때문이다."는 단순 명료한 대답을 하듯이, "왜 위험을 무릅쓰고 여행을 하느냐?"고 묻는 이가 있다면, "인연을 찾아서, 즉 인연의 그 자리에 내 자신이 존재하기 위해서……."라고 하겠다. 그렇기에, 정확히 말해서 '여행하기 좋은(쉬운) 철(계절)'이란 말은 있을 수 있지만, '여행의 계절'이란 말은 적어도 나에겐 있어선 무의미한 글귀다.

여행이나 인생에서의 우연과 필연이란, 인연법에 있어서도 같은 맥락의 의미라 생각된다. 모르고 시작하는 단계에서야 '우연'이라 표현되고, 형태화된 인연의 단계에서 그것은 '필연'이었다라고 표현되리라. 이와 같은 맥락 속에서 여행의 출발과 찰나 속으로 이어지는 여행 그 자체도, 인생이란 긴 여정 속의 한 단계(지점)로 자리하는 것이리라.

알마티로의 입성

비슈케크를 출발한 지 이틀째 되는 날 오전, 고원으로 접어드는 얼마간의 오르막엔 눈으로 덮인 대평원과 같은 고원지대가 광활하게 펼쳐져 있다. 알마티(Almaty)까지 230킬로미터가 남아 있는 거리 도로가엔 조그만 마을이 있을 뿐, 도시라곤 존재하지 않는다. 그나마 최근까지 수도였던 알마티와 비슈케크를 연결하는 도로이기에 얼마간의 마을들이 산재하지만, 인도아(印度亞) 대륙만큼의 넓은 건조 지대인 카자흐스탄의 인구는 한국의 반에도 못 미치는 1,700만 명가량이다. 이 적은 인구가 넓은 땅덩어리 여기저기에 조금씩 흩어져 살고 있는 셈이다.

3일이면 충분히 도착할 수 있는 거리를 추위와 눈길 탓에 4일이나 걸려 겨우 알마티에 도착했다. 그러나 겨울 동안에 한 번은 꼭 온다는 혹한을 겪지 않아 무엇보다 다행이었다. 근대 유럽풍으로 단장하여 눈 속에 조용히 자리하는 알마티, 저녁노을에 물들어 가는 풍경이 한 폭의 서양화를 연상케 한다.
   알마티는 중앙아시아에서 여행자들에겐 가장 비싼 곳으로 알려져 있다. 물론 숙박에도 외국인 요금이 적용되고, 모든 가격이 만만치 않은 곳이다. 대개의 여행자들의 경우 2박 정도로 거쳐 가는 곳이다. 제정 러시아 때 러시아인들에 의해 형성된 근대풍의 도시로 여행자들의 관심거리인 고대 유적지가 없는 이유 또한 경유지로서의 역할만이 주어져 있기 때문이다.
   여행자들 사이에 알마티는 중요도가 높은 곳이기도 하다. 수도 이전으로 비록 알마티가 현재의 수도는 아니지만 카자흐스탄의 정치, 외교, 경제 등의 중심지로 아직도 중앙아시아 제일의 도시로 군림하는 만큼 각국 대사관이 이곳에 모여 있기 때문이다. 중국과 중앙아시아는 물론 다른 외국 나라들로 여행할 계획이 있는 경우, 알마티에 있는 각국 대사관에서 비자 발급을 신청하는 게 가장 손쉽다는 매력이 배고픈 장기 여행자들의 발목을 붙잡곤 한다.
   비슈케크를 떠날 때 지인이 알마티에 체류 중인 교민에게 숙소를 부탁해 주겠다는 것을 사양했다. 나와는 서로 안면도 없는 사이에 한국 사람이라는 것 때문에 누를 끼치고 싶지 않았다. 여행자에겐 조금 춥고 불편하더라도 여행자 전용 숙소에서 홀로 자유롭게 머무는 게 편안하다. 소개를 받은 이상 도착해서 인사 정도는 나누지만, 두세 번의 만남은 사람을 만나본 이후의 일이다.

도로변에서 야영으로 밤을 보낸 새벽 6시, 불씨가 모두 꺼져 있다. 꺼진 불씨를 다시 지필 필요는 없다. 이 자리를 떠나면 된다. 내가 왔다 간다는 흔적의 불씨도, 하루를 못 넘기고 바람따라 흩어질 것이다. 안개로 도로 주변이 희미하게 보일 뿐 사방이 조용하다.

알마티를 출발한 3일째, 국경에서 55킬로미터 정도 떨어진 마을에서 민박을 했다. 비자 만료 하루를 앞둔 다음 날 오후 4시 정각에 카자흐스탄 쪽 국경도시 코르가스에 접어들었다. 국경 2킬로미터 앞에 군 검문소, 1킬로미터 전방에 철책이 강을 사이에 두고 있다. 방탄조끼에 소련제 AK-2 자동소총을 든 병사 둘이 반갑게 맞았다. 다리 건너편에 카자흐스탄 국경 검문소와 세관이 보인다. 아무런 질문도 없이 국적만 물어보고는 출국 도장을 찍어주었다. 출입국 관리소 건물을 막 나오자, 2킬로미터 전방에 중국 쪽 국경 마을이 한눈에 보인다. 국경 마을이라기보다 현대화된 빌딩들이 쭉 늘어서 있는 게 휴전선 근처에 북한이 지었다는 과시용 건물을 보는 듯했다. 뒤에서 장교 복장을 한 청년이 불렀다.

중국 쪽 국경 검문소까지 2킬로미터는 비무장지대로 도보나 자전거로는 이동이 허락되지 않는다는 것이다. 물론 사전에 여행안내 책자를 통해서 알고 있었던 사항이다. 그럼 어떻게 해야 하느냐는 제스처를 지어 보이자, 국경 통과용 버스가

중국과 접하는 카자흐스탄 국경에서 러시아 병사들과 함께

키르기스스탄 175

올 때까지 기다리란다. 마침 국경 간을 오가며 짐을 나르는 봉고차가 저만치 오는 것이 보여, 저 차로 갈 수 있도록 해주겠냐는 부탁에 좋다고 한다. 자전거와 짐을 싣고, 넘을 수 없는 국경을 건너는 기분으로 카자흐스탄을 떠나는 순간이다.

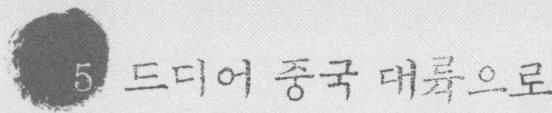

5 드디어 중국 대륙으로

까만 세상이지만

그곳엔 모래 언덕의 허리가 어둠 속에서도

고운 선을 잇고 흘러버리는 것이 보인다.

한 줌 흙으로가 아닌,

단 한 알의 모래와 같은 존재의 인생임이

피부로 느껴지는 찰나다.

얼마나 많은 숫자의 모래알이

여기에 존재하는가?

신장 웨이우얼 자치구

🖋 짐을 다 내린 자전거는 새로운 느낌을 부른다

드디어 중국 입성

카자흐스탄과의 국경 지대 사이의 2킬로미터 정도의 비무장지대를 봉고차로 이동하여 중국 쪽 국경 검문소에 도착했다. 벌판으로 이어진 비무장지대는 고요히 겨울 속에 잠들어 있는 풍경이다. 검문소 입구에 녹색 인민군 복장을 단정히 입은 경비병이 거수경례를 하고는 여권을 요구해 왔다. 절도가 있는 군인다운 모습이다. 이번 여행에서, 지금까지 국경을 넘나들면서 이처럼 절도 있게 행동하는 국경 경비병은 처음이다. 여권을 돌려받고는 순간, '당나라 군대는 옛말이구나.' 라는 생각이 얼핏 스쳐 지나간다.

1월 24일 오후 5시 정각, 드디어 중국으로 입성했다. 유럽을 달릴 때 이스탄불이 그렇게도 먼 곳처럼 느껴지며 기다려졌던 것은 이스탄불이 특히 마음에 들었기도 했지만, 무엇보다도 그곳에서 기다리는 좋은 인연들 때문이었다. 이스탄불을 떠나 5개월 만에 도착한 중국이다. 이스탄불을 떠나면서 중국 입성을 기다려 왔다. 그것은 다름 아닌 육로로의 국경은 아니지만, 내 나라 한국의 바로 옆에 있기 때문이다. 거리로야 아직 3분의 1정도나 남아 있지만 바로 옆에 붙어 있는 나라에 접어든다는 것은, 서울 입성을 목표로 떠나온 여행인 만큼 심적으로 큰 부담을 덜어주기도 한다. 또 한 가지는 더 이상 까다로운 비자 발급을 신청하지 않아도 되는 것이다. 북한 통과라는 난제가 남아 있기는 하지만, 이것만은 다른 문제와는 달리 내 의지에 따라 어떻게든 될 사항이 아니므로 천운을 기대해 볼 수밖에 없는 일이다.

봉고차에서 짐을 내리고 출입국 관리소 건물 안으로 자전거를 끌고 들어가자 모두들 의아해하는 표정들이다. 입국 카드를 쓰고 있는데 어디서 왔느냐고 물어왔다. 중국어로 "한국"이라 하자, 얼마간 얼굴들이 부드러워지는 표정들이다. 아마도 일본 사람쯤으로 생각했던 모양이다. 중국 역시 일본과 관련해서 현대사에 있어 불행한 역사를 간직하고 있으므로 일본인이 그렇게 반가운 존재는 아닐 것이다. 입국 카드 기입을 끝내고 입국 검사대에 여권과 함께 내밀자, 담당관이 조금 난처해하는 표정이다. 문제는 자전거 여행이다. 그렇다고 초청장과 비자를 가지고 입국한 이상 입국 허락을 안 할 수도 없고, 공항도 아닌 곳에서 돌려보낼 수도 없는 사정에 고민을 하는 모습이다.

중국의 경우, 개방 정책과 함께 외국인 여행자들에 대한 정책이 입국이나 여행 전반에 걸쳐 많이 완화된 게 사실이지만, 아직도 미개방 지역을 설정하고 있다. 특히 주요 군사 시설이 있는 지역을 중심으로 한 국경 지역과 소수 민족의 독립 문제로 분쟁의 씨앗이 있는 곳 등, 중국으로서는 별로 알려지고 싶지 않은 곳들이 미개방 지구로 선정되어 있다. 그 대표적인 지역이 신장웨이우얼新疆維吾爾자치구와 티베트(Tibet)자치구이다. 여권과 입국 카드를 들고는 다른 곳으로 사라졌다가 얼마 지나서야 돌아왔다. 상관들과 의논을 하고 왔음이 분명하다. 하고 싶은 말이 많은 표정이나, 영어가 짧은 모양이다. 그래서 중국어로 쓰라고 얘기하자 길고도 긴 문장을 몇 개나 쓴다. 미개방 지구엔 절대로 달리지 말라는 것과 중국 국내법을 준수해야 한다는 것이다. 그렇게 하겠다고 하자, 그때서야 여권에 입국 도장을 찍고는 건네주었다. 입국 도장만 받으면 만사는 그다음 문제다.

국경 검문소를 나서자 하늘이 갑자기 흐려왔다. 중국 쪽 날씨가 더 추운 느낌이다. 검문소 앞의 대로부터 바로 중국 쪽 국경도시인 코르가스 시내로 접어들었다. 국경도시라는 느낌이 전혀 들지 않을 정도로, 현대식 건물들이 즐비하고 마을 규모도 꽤 큰 편이다. '중국이 많이 변했구나!' 라는 것과 '역시 대국'이라는 게 첫인상이다. 전쟁이 일어나지 않을 만큼 힘이 있다는 증거다. 서유럽 나라들을 제외한 대부분 나라들의 국경엔 국경 검문소 건물만이 있을 뿐이다. 그만큼 긴장감이 있는 곳으로 도시 건설이란 엄두도 못내는 것이다. 같은 국경 포인터에 있는 카자흐스탄 국경 마을은 그야말로 작은 시골 마을 정도의 규모로, 그나마 국경에서 3~4킬로미터가량 떨어져 있었다.

체크인을 하고 방으로 들어가 보니, 유럽의 중급 호텔 수준으로 욕실과 텔레비전, 전화 등 없는 게 없는 시설이지만 5달러가 채 안 되는 가격이다. 변방의 국경 마을이라서 어느 정도 값이 싼 점도 있겠지만, 이것은 굉장한 변화다.

일단 중국에 무사히 입성을 하였으니, 하루 이틀 그동안의 피로도 풀 겸 푹 쉬고 싶다. 국경을 몇십 번을 넘나들어도 출국 때보단 입국 때 신경이 쓰이는 게 사실이다. 중국에서는 무엇보다도 간단한 중국

소수 민족들에게 중국과의 화합과 단결을 촉구하는 정부 간판

어 회화와 필담으로 대화가 가능하다는 것이 어렵게 여행하지 않아도 되는 데 크게 작용한다. 이삼 일 정도 쉬면서 앞으로 한두 달 동안의 중국 여행의 큰 그림을 세울 생각이다.

갈 길이 아직 많이 남아 있다. 다음 행선지인 오아시스 마을 투루판을 향해 출발이다. 우루무치烏魯木齊에서 투루판吐魯番까지는 190킬로미터 거리다. 해발 900미터에서 해발 0미터 지점에로의 이동이다. 보장된 길이다. 광활한 분지로 내려가는 길이다. 국도 저만치에 평행선을 끼고 철로가 나 있음이 언뜻언뜻 보인다. 지도상에도 50킬로미터 간격마다 마을 표시가 있다. 공짜로 200킬로미터가량을 먹고 들어가는 셈이다. 세상사 다 이 정도만 잘 풀려도 살 만할 텐데…….

우루무치를 출발한 날은 130킬로미터를 달리고도 체력에 여유가 있다. 도로변 작은 마을 위구르족 집에 민박을 부탁했다. 흔쾌히 허락한다. 지난번 자전거로의 중동 여행 때도 이번의 유라시아 횡단 여정에서도 민박을 부탁해서 거절당해 본 적이 단 한 번도 없다. 오히려 저녁 식사는 물론이고, 안 먹겠다는 아침까지 먹이고는 점심이 될 만한 음식까지 싸주기도 했다. 숙박비 또한 안 받겠다는 곳이 대부분이어서 억지로 던져놓고는 떠나올 때가 많았다. 인심이 좋다. '마음'이다. 사람의 마음이 좋다는 것은, 여행을 하면서 그 무엇보다도 따뜻함을 느끼게 하는 인간적인 푸근함이다.

60킬로미터를 남겨놓았다. 서둘 필요가 없다. 오전 중에 민박집 아이들과 제기차기를 하면서 시간을 보내다가 정오쯤에 출발했다. 날씨가 많이 풀린 느낌이다. 시기상 아직 이르고 또 사막에 가까운 지역에서 봄에 피어나는 아지랑이를 기대할 수야 없지만, 봄기운이 기다려지고 그리워지는 순간이다. 한껏 석양을 기대하고 출발을 하였건만, 투루판이 저만치에 보이지만, 날씨가 흐려져 뿌연 안개와 같은 덩어리 속에 태양이 숨어버린 채 보이질 않는다.

해발 제로 미터 지점

실크로드 2,000년의 오아시스 고도 투루판에 입성했다. 도시 바깥에서 보기엔 오아시스 마을 특유의 포도밭과 미루나무가 마을을 둘러싸고 있지만, 시내로 접어들자 왕복 4차선 대로에 완전히 현대화된 소규모 도시를 이루고 있다. 첫눈에 관광도시로 발전하는 곳이라는 느낌이다. 그러나 조용한 느낌이라 좋다. 숙소를 찾았다. 실크로드 유수의 관광지인 만큼 호텔 카운터에서도 영어가 통한다. 여행안내 책자에 소개된 곳을 찾았지만, 호텔 입구에서 기가 질려버렸다. 이 좋은 호텔에 과연 하룻밤에 3,000원짜리 숙박이 가능할까 하는 걱정이 앞서는 순간이다. 카운터의 상냥한 아가씨는 묻기도 전에 도미토리(공동 방)가 있다고 한다. 장기 여행으로 몰골이 말이 아닌 것을 보고는, 더 이상 물어보지 않아도 되겠다는 판단이 섰음이리라.

중국 도미토리의 경우, 외국인과 중국인을 함께 합숙시키지 않는 것 같다. 여러 가지 이유가 있겠지만, 도난이나 의사소통 문제로 인해 문제가 생겼을 때, 호텔 측으로서도 곤란해지기 때문이리라. 안내한 방으로 들어가 보니 지금까지 머물러 온 도미토리 중에서 최고의 수준이다. 투루판 정도까지 오면 외국 여행자를 만날 수 있을까 했는데, 아무도 없다. 배낭여행자들 사이에 가장 알려진 숙소인 이곳에도 없다면 투루판에서도 여행자를 만나기 힘들다는 결론이 나온다. 여행자끼리의 만남이 그립다. 아제르바이잔 수도 바쿠를 떠난 이후, 여행자들을 거의 만나지 못했다. 미국이 미사일과 폭탄을 쏟아 붓고 있는 지역 근처를 여행하는 것이 오히려 이상한 일이지만.

투루판에 접어들면서 마음이 차분해지는 느낌이다. 마을이 그다지 크지 않은 오아시스 마을이라는 것도 있겠지만, 지형적으로 해발 0미터 지점에 위치하기에 기압이 저기압에 가깝기 때문이 아닌가 싶다. 투루판 입성을 자축하기 위해 저녁 식사라도 근사하게 먹을까 하고 샤워를 끝내고는 가로등 불빛이 고요한 길거리로 나섰다.

여행지에서의 에피소드

같은 도미토리에 있는 이태리 친구인 시모네와 함께 점심을 먹고는 택시를 타기 위해 요금을 흥정했다. 운전사와의 흥정은 중국어가 유창한 시모네가 하지만, 거리에 비례한 요금 플러스알파라는 예산안을 가지고 있다. 시모네가 쳐다볼 때마다 예산안까지 깎으라는 눈짓을 했다. 결국 우리 제안 선에서 낙찰이다. 아무리 절약을 해야 하는 배고픈 장기 여행자의 입장이기는 하지만, 상대에게 손해를 끼치면서까지 이쪽이 절약할 생각은 없다. 우리들이 제시한 가격이란 사실 운전사에게도 나쁜 가격은 아니다.

인도와 중국의 경우, 알려진 관광지에서는 외국인만 보면 몇 배에서 몇십 배까지 바가지를 씌우려고 든다. 그래서 길거리 식당에서 라면拉面을 한 그릇 먹을 때도, 먹기 전에 반드시 가격을 물어보고서 주문을 한다. 그러지 않고 먹고 난 뒤 가격을 지불하려고 하면 90퍼센트 이상이 바가지다. 먹고 난 후에야 저쪽에서 얼마를 부르던 간에 메뉴표를 보지 않고 주문한 이상 요구하는 값을 치러야 한다. 물론 얼토당토않은 사기 수준의 경우는 조용히 경찰을 부를 것을 요구한다. 어느 여행 때나 한두 번은 이런 문제로 경찰 신세를 지게 된다.

이곳 투루판에서도 경찰을 부른 적이 있다. 메일을 체크할 요량으로 인터넷 카페를 찾았다. 시간당 얼마인가를 묻자 2위안(Yuan)이라고 한다. 중국에서는 일반적인 가격이다. 인터넷 카페에 세 번째 가서 인터넷을 사용하고는 가격을 묻자, 갑자기 시간당 다섯 배를 요구해왔다. 이때는 여행기 연재 원고 교정과 사진 송신 등으로 무려 4시간이나 사용했었다. 8위안(1달러)인 것을 40위안을 내라는 것이다. 지난번 두 번이나 시간당 2위안에 사용했는데, 이 무슨 사기냐고 항의를 했다. 그러자 카운터 아가씨 하는 말이, 당신이 외국 사이트에 접속했기 때문에 국제 전화 요금을 내야 한다는 것이다. 참으로 순진한(?) 아가씨다. 서로가 필담으로 주고받자니 끝도 없는 일이고, 완강히 밀어붙이는데야 어쩔 수 없는 일이다.

수화기를 집어주며 '공안公安(경찰)'을 부르라고 했다. 외국 여행자에다 중국말도 안 통하기에 충분히 승산이 있다고 생각한 탓인지, 이 아가씨 자신 있게 공안을 부르는 것이 아닌가. 10분 정도를 기다리자 정말 공안차가 도착하고 공안원 두 사람이 들어왔다. 공안원이 도착하자마자, 카운터 아가씨가 인터넷을 사용하고도 돈을 안 낸다는 식으로 호소하는 모습을 직감적으로 알아챘다. 그다음, 공안원이 단 한마디 "패스포트(여권)?" 하는 게 완전히 명령조다. 그러곤 "코리아?" 하고 물어왔다. 그렇다고 하자, 영어를 할 줄 아느냐고 물었다. 공안원이 영어를 한다! 문제는 끝난 것이다.

상황 설명을 쭉 하고는, 공안원에게 중국에 이런 법이 있느냐고 되물으며, 법이 있다면 40위안을 지불하겠다고 했다. 그러자 카운터 아가씨와 몇 마디 대화를 나누고는 "외국인 요금이다."라는 것이다. 무슨 소릴 하고 있는가. 중국에서 외국인 여행자들에게 적용되는 외국인 요금이 없어진 게 언젠데……. 다시 한 번 중국 법에 인터넷 사용 시 외국인에게만 적용되는 요금이 어느 법 어느 조항에 있는지 공안원에게 되물었다. 그러자 공안원 얘기가 그런 법은 없으며, 그런 조항도 없단다. 그래서 내가 여기서 얼마를 지불하기를 바라는가라고 다시 묻자, 잘 알겠다며 8위안을 지불하고 돌아가라는 것이었다. 40위안, 큰 돈은 아니지만 사람을 속이는 짓, 아니 농락하는 행위를 기분 좋게 받아들일 만큼, 내 자신이 성인은 아니다. 서로에게 정확히 계산을 할 필요가 있다. 물론 속이려 드는 게 내 문제는 아니다. 나야 속아 넘어가면 되지만 타인을 속이다 보면, 언젠가는 그 자신 스스로를 속이게 되는 단계에까지 이르게 된다. 여기까지 오면, 그 사람 인생은 한마디로 비참해진다.

파미르 그녀와의 첫 대면

시모네의 권유로 짐을 숙소에 맡겨두고는 끝도 없는 타클라마칸 사막 서남쪽 끝 지점에 있는 카슈가르(Kashgar, 현재 '카스'의 옛이름)를 찾았다. 시 외각 저만치에 펼쳐지는 파미르 산맥을 향해 우리는 나섰다. 산은 등성이와 등성이를 끼고 있어 생각보단 시간이 걸렸다. 그런데 이 조그만 산등성이 꼭대기에 올라서자, 주변 풍경이 한눈에 들어온다. 뒤쪽 아래 절벽 밑에서부터 눈 덮인 넓은 대지가 펼쳐져 있고, 벌판이 끝나는 10킬로미터가량 지점부터는 그저 하늘조차도 하얗다. 강렬한 태양에 반사된 눈밭 끝 지평선 위에 구름이 걸쳐져 있는 모양이다. 그런데 자세히 살펴보니 그게 아니다. 하늘 위에 떠 있는 하얀 구름 줄기로 생각했던 것은, 바로 새하얀 눈으로 온통 뒤덮여 있는 파미르 산맥이다. 평지로 이어진 대지 위에 갑자기 7,000~8,000미터급 절벽과 같은 산맥이 자리하고 있는 것이다.

우리들은 우리의 눈을 의심했다. 그러나 사실이었다. 안내 책자와 지도상에서 어디쯤에 파미르 산맥이 있다는 것은 확인했지만, 이렇게 세워놓은 벽과 같은 수직 경사를 이룬 산맥이 우리들 눈앞에 펼쳐지리라고는 상상도 못했었다. 국경 부근까지 접근할 수 있는 허가를 못 받던 순간, 다음으로 미루자며 스스로 위로를 하며 포기를 했었다. 그런 우리들에게 저만치 손이 닿을 듯한 거리 앞에서, 자신을 고스란히 드러낸 파미르 산맥! 이 감동의 순간, 사막과 같은 나의 문장만을 통해 긴 여행기를 함께해 온 독자들에게 보여드릴 생각으로 카메라의 셔터를 눌렀다. 오후 한나절 너무도 강렬한 태양빛에 노출된 하얀 파미르 산맥, 그녀의 살결이 반사되어 뿌옇게 흐리다. 육안으로도 너무나 눈부시어 겨우 형태를 잡을 정도이니, 사진을 찍으면서도 내심 사진에 그 아름다운 모습이 담겼을까 하는 걱정이 절로 든다. 한 점 티끌조차 벗어버린 은백의 파미르 산맥!

오히려 따뜻한 느낌으로 다가서는 파미르, 그녀의

타클라마칸 사막을 건너 파미르 산맥으로 향하는 길목에서 이탈리아와 프랑스 친구들과 함께

은은한 모습에 길 떠난 자의 마음이 흔들리는 순간이다. 순백한 파미르! 당신의 눈부신 속살에 손끝 하나 닿지 않았건만……. 내 전신의 신경 한 줄 끝에까지 전해 오는 미묘한 감정의 파도를 느끼게 하는 파미르 그녀, '내 언젠가 다시 당신의 곁을 찾으리오!'라는 무언의 메시지를 전하고는 산등성이를 내려왔다. 대학자의 묘소를 찾은 길에, 졸지에 평생에 한두 번 가져볼까 말까 한, 대자연에로의 연민을 간직하고 돌아오는 것이다. 고요한 설렘과 식지 않을 그 무언가의 뜨거운 것으로 인해, 고동치는 내 심장의 박동을 느끼는 순간의 연속이다. 오후 녘에 카스(Kashgar)로 돌아온 우리는 늦은 점심 겸 저녁을 함께했다. 헤어져야 할 시간이다. 혼자가 아닌 둘을 떠나보낼 땐 그나마 나은 편이다. 우리는 서로 포옹을 하고는, 3월 중순에 시안西安에서의 재회를 약속하며 이별의 순간을 나눴다. 많은 날들은 아니지만, 함께 여행하는 동안 좋은 우정을 나눈 사이다. 여행을 하면서도 빠른 시일에 여행 겸 연구 프로젝트를 만들어, 다시 함께 여행하자는 약속도 했다.

타클라마칸 사막 – '한 번 들어가면 못 나오는 곳'

허텐이란 오아시스 도시는 쿤룬崑崙 산맥에서 내려오는 백옥강白玉河과 묵옥강墨玉河의 양 강줄기 사이에 형성된 지형으로, 오랜 역사를 간직한 곳이다. 두 강의 이름에서 나타나 있듯, 고대 때부터 옥玉의 명산지로 유명하다. '완벽完璧'이란 '벽璧' 자가 이곳 허텐에서 만들어졌다는 설이 있을 정도로, 신비적인 빛과 서늘함이 어울린 허텐산 옥은 완벽한 아름다움을 자아내는 것으로 알려져 있다.

인도에서 돌아오는 길에 허텐에 들른 삼장법사三藏法師는 자신의 인도 구법 여행기인 『대당서역기大唐西域記』에, "이곳 허톈은 비단과 양탄자 생산지로, 우전국于闐國(허톈에 자리했던 고대국가) 사람들은 비단과 양탄자 짜는 기술이 훌륭하다."라고 기재하고 있을 정도이다. 허톈 역시 위구르족이 사는 지역으로 회교도들이 많이 살고 있는 서역西域 오아시스 도시 특유의 향기를 담고 있는 곳이다. 이곳 근교에는 우전국 시대의 성터를 비롯한 몇 군데의 유적지가 사막 한가운데에 있다. 현지 여행사를 통한 관광 투어가 없는 겨울철의 경우, 일일이 택시를 전세 내어 돌아봐야 하기에 다음 기회로 미룰 수밖에 없다.

계획에는 허톈에서 이틀 정도를 묵고, 사막 횡단 도로 남쪽 입구에 위치하는 니야(Niya)까지의 이동을 생각하고 왔다. 설날(구정. 한족들의 경우 구정을 쇠고 있다.)을 하루 앞두고는 문제가 발생했다. 투루판에서 얼마간 환전을 해가지고 왔는데, 생각했던 것보다 교통비가 비싼 관계로 경비가 예산을 넘어섰다. 여행 중에야 흔히 있을 수 있는 일이다. 그래서 카스에서 환전을 해둘 생각이었으나, 토요일과 일요일이 낀 것도 있지만 절약하면 사막을 벗어날 때까지 괜찮을 것 같았다. 행여나 부족하면 허톈이 큰 도시이니 이곳에서 환전을 하자는 생각이었다.

중국의 경우, 외국 돈 환전은 아직도 중국 국영 은행인 중국은행中國銀行(Bank of China)에서만 가능하다. 최근 들어 여러 종류의 대규모 은행들이 생긴 것도 사실이지만, 외환 업무만은 국가 통제 아래에 있다. 카스를 출발하기 전에 허톈에 중국은행 지점이 세 개나 있음을 안내 책자에서 확인까지 해놓은 상태다. 문제는 설을 전후해서 연휴가 5일가량 계속되는 관계로 은행 업무가 완전히 멈춰버렸다는 것이다. 중국에서는 달러를 가지고 물건을 살 수 있는 곳이 거의 없다. 오히려 신용카드는 받아도 달러는 안 받는다. 이와 같은 현상은 그만큼 중국 화폐인 인민폐가 안정되어 있다는 것을 의미하고, 인민폐의 안정이란 중국 경제가 탄탄하게 진행되고 있

은백의 세계로 그 모습을 바꾼 광활한 타클라마칸 사막

음과 정부의 달러 보유에 전혀 아무런 문제도 없다는 것을 단적으로 보여주는 측면인 것이다.

또 하나는 달러의 위조에 대한 우려로 100달러짜리 한 장이 일반 공무원의 한 달 월급에 가까운 거금인 만큼, 개인으로서는 몇 푼의 이익을 얻자고 진짜인지 가짜인지도 모르는 달러를 선뜻 환전해 주질 않는다는 것이다. 중국엔 이미 여행자들을 상대로 한 달러 암시장이 없어진 지 오래됐다. 민간 은행들의 경우, 연휴에 관계없이 영업을 하는 곳이 있기에, 혹시나 해서 환전을 부탁해도 중국은행으로 가라는 한마디뿐이다. 5일간이나 이곳에서 머물러야 하는가? 다음 마을인 니야는 조그만 마을로 중국은행조차 없는 곳이다. 그렇다고 수중에 있는 돈으로는 사막 횡단 도로 북쪽 입구 도시까지 750킬로미터 거리를 가는 버스 비용도 안 된다. 졸지에 타클라마칸 사막 안에 갇히게 된 것이다. 방 값과 하루에 한 끼 식사비를 절약하면 5일간은 어떻게 버틸 수 있을 것 같지만, 시간적으로 일정을 서둘러야 하기에 떠나는 방법을 찾아야만 한다. 타클라마칸 사막은 위구르어로 '죽음

의 사막'이란 뜻이다. 이와 별개로 '한 번 들어가면 못 나오는 곳'이 라는 별칭을 가지고 있다. 죽음은 아니라 하더라도 졸지에 사막 안에 갇히게 된 꼴이다. 옛말에 하나 틀린 말이 없다더니만, 결국 치명적 이지야 않지만 타클라마칸 사막의 뜨거운 맛을 보게 되는구나!

사막에서 만난 어여쁜 달마

자신을 진陳이라고 소개한 친구가 얼마면 투루판까지 갈 수 있겠느냐고 물어왔다. 버스비를 계산해도 300위안(35달러 정도)은 있어야 할 것 같다고 했다. 그런데 난데없이 점심은 먹었냐는 것이다. 점심은커녕 아침도 안 먹고 뛰어다녔다. 함께 점심이나 하자고 한다. 여행 중일 경우, 그곳에서 가장 허름한 곳에서 가장 싼 음식을 골라서 먹는다. 하루 이틀도 아니고 음식다운 음식을 먹으면서 여행을 하다간 한 달도 못가서 국제 거지 신세가 된다. 음식과 숙소의 경우 여행을 즐긴다는 수준보다는 하루하루 연명해 간다고 하는 게 솔직한 표현일 것이다.

그런데 이 친구, 중급 정도의 식당으로 안내를 하고는 큼직큼직한 음식을 몇 개나 주문하는 게 아닌가. 그래 봤자 100위안이면 된다. 사기를 당할 때 당하더라도, 먹는 음식 가지고 이렇다 저렇다 따질 필요까지는 없다. 200위안의 현금이 수중에 있다. 진陳은 식사를 하면서 자신을 소개했다. 지금 중국 인민은행 허톈 지점에서 컴퓨터 프로그래머로 있단다. 그는 여정에 대해서 대충 물었고, 중국에 대해서 어떻게 생각하느냐고도 물어왔다. 이런 질문에, 나는 솔직히 내가 느끼는 중국에 대해 얘기했다. 그도 대부분 공감한다는 의견이다. 음식이 많아서 다 못 먹고 남겼다. 여행 중에 음식을 남기는 것은 죄악(?)에 속한다. 음식 값을 진이 지불하려기에 내가 내겠다 하자, 당신은 손님이라며 억지로 자기가 내겠다고 해서 잘 먹었다는 인사를 전하고는 식당을 나왔다.

진이 오후 시간엔 무얼 할 것이냐고 질문했다. 그래서 몇 군데 더 알아보러 다닐 생각이라고 하자 함께 가잔다. 괜찮다고 하는데도 조금 전에 만났던 은행에 잠시만 함께 가자는 것이다. 은행에 도착해선, 투루판까지 가는데 300위안이면 되겠느냐고 묻는다. 처음엔 무슨 뜻인가를 몰라, 그렇다고 하자 잠시 앉아서 기다리란다. 은행 창구에서 돌아온 진은, 모택동 아저씨 초상화가 파노라마 치는 빨간 100위안짜리 지폐 세 장을 나에게 내밀었다. 이것으로 여행을 계속하라는 것이다. 내가 안 받겠다고 하자, 친구를 위해 돈을 쓰는 것은 자신한테도 기쁜 일이니 받아달라는 것이다.

이 친구, 완전히 사람을 감동시키는 친구다. 300위안이면 진의 한 달 월급의 반에 가까운 거금인 것이다. 그러면서 뭔가를 말하고 싶은데 영어 문장이 생각이 안 나는 모습으로 종이에, "I hope we will become good friend!(우리가 좋은 친구가 되길 빈다!)"라고 적어 보여주는 것이다. 허텐에서 세 번째로 받는 충격이다. 진의 마음씨가 고맙다. 그렇지만 그에게 신세를 질 수도 없기에, 100달러짜리 지폐를 주며 "진陳의 마음은 간직하고 가겠다. 이것은 환전한 걸로 생각하고 받아주면 고맙겠다."라고 했다.

그러자 진陳이, 나는 앞으로도 여정이 남아 있는 사람이니, 이 돈은 자신보다 내가 더 필요할 것이라며 사양을 한다. 그렇다면 은행 계좌번호를 알려주면 투루판에서 입금시키겠다고 하는데도, 괜찮다고만 할 뿐이다. 결국 내가 억지를 부렸다. 진이 이러면 내가 마음이 안 편

허텐에서 만난 친구 진과 함께

하니, 나에게도 내가 하고 싶은 일을 할 수 있도록 해주는 게 친구가 아니겠느냐고 해서, 진의 계좌 번호를 받아냈다. 다음 행선지인 니야까지의 버스표를 예매하는 곳까지 따라와 준 진은 좋은 여행이 되길 빈다며 악수를 하고는 떠나갔다. 세상에는 참으로 여러 사람들이 살고 있구나 싶다.

사실 비씨에서도 알마티에서도, 여정에 보태라며 건네주는 꽤 큰 보시금을 고맙게 잘 받았다. 물론 이들은 한국인들이지만 불교 신자들은 아니었다. 이전부터 알고 지내던 사이도 아닌, 우연히 그곳에서 만나 대화를 나눈 사이일 뿐이다. 진의 경우는 한국인도 아닌 외국인이다. 그것도 자기 월급의 반에 해당하는 금액을 처음 보는 거지 차림의 여행자에게 선뜻 마음을 담아 건네준 것이다.

한번은 그루지야의 카즈베기 산에서 만난 일본인 여행자가 몇 백 달러를 내놓으며, 정말 오해가 없길 바란다며 여정에 조금 보탬이 되었으면 한다고 했었다. 그래서 마음은 고맙지만 당신도 여행자인 만큼 당신도 필요할 것이라며 사양을 했었다. 부다페스트의 민박집에서는 숙박비를 안 받겠다고 하는 한국 유학생 주인장 친구가 있었고, 빈의 민박집 주인인 화백 님께서는 당신의 소중한 작품을 안겨 주셨으며, 이스탄불에서의 좋은 인연들 등, 이번 여행의 출발지인 함부르크에서부터 지금까지 헤아릴 수 없이 많은 한국 교민들과 여러 현지인들 또 외국 여행자들로부터 따뜻한 마음이 담긴 베품(보시)을 받아 왔다. 여기에 다 나열할 수 없을 정도다. 과연, 내 자신은 그들에게 무엇을 베풀었던가 하는 의문이 남을 뿐이다.

어려움에 처한 허텐에서, 나는 더없이 소중한 보배를 얻어간다. 허텐산 옥같이 청명하고 사막의 하늘처럼 투명한, 따뜻한 인간미를 가진 진이라는 존재를 친구로 얻어간다. "믿는 자는 구원을 받으리라."라는 성서의 말씀이 생각난다. 인간에 대한 깨끗하고 따스한 믿음을 가진 진. 누구의 구원보다도, 인간에 대한 믿음 속에서 스스로 구원받은 친구라 여겨진다. 타클라마칸 사막이 나에겐 안겨준 큰 선물이 아닐 수 없다. 3,000년에 한 번 피는 우담바라優曇婆羅 같은 꽃을, 겨울 사막 속의 오아시스 마을에서 얻어 가슴에 안고 간다.

밤 12시, 모두가 잠든 모양이다. 일직선의 타클라마칸 사막 횡단 도로로 내달리는 버스 바로 앞에만, 불빛이 있을 뿐 검은 세계가 자리한다. 500킬로미터나 끝없이 펼쳐진 사막이 보고 싶었다. 사막은 낮에만 존재하는 것이라 생각했었다. 그런데 여기엔 그믐날 밤 어둠 속에, 낮에 펼쳐져 있는 그 사막보다 더 무한하고 짙은 사막이 자리하고 있다. 아무런 움직임도 없지만 조금씩 조금씩 언제 따라왔는지, 엷은 안개들이 언제나 창밖, 내 눈 위에쯤 있다. 소리도 없이 함께하는 인연과도 같다. 존재의 가치성을 다시 한 번 생각게 한다.

인연과 존재, 존재와 가치성, 까만 세상이지만 그곳엔 모래 언덕의 허리가 어둠 속에서도, 고운 선을 잇고 흘러내리는 것이 보인다. 흑백의 상대적이자 이분법적인 논리 세계를 떠난, 일원一元이 품은 다원多元이 그 속에 잉태되어 있음이 느껴진다. 한 줌 흙으로가 아닌, 단한 알의 모래와 같은 존재의 인생임이, 피부로 느껴지는 찰나다. 얼마나 많은 숫자의 모래알이, 여기에 존재하는가? 한 알 모래의 생명이, 인간들의 일생보다 짧진 않을 것. 그래, 내 자신도 언젠가 돌아가야 할 운명을 지니고 있는, 그 어머니와 같은 자연 속. 그렇다, 찰나에 생生하고 멸滅해 가는 존재가 나임을 인식하자.

사막은 움직임도 없는 무생명체 같지만, 한 곳에 영원히 머무르는 법이 없다. 바람따라, 어딘가로 휘날려 가는 모래알이다. 살아 움직이는 것만이 생명체라고 개념 지은 것은 어디에서 연유하는지…… 내 눈에는, 어둠 속 바다 위에 소리도 없이 이동하는 사막의 모래알 하나하나가, 채 100년을 기약지 못하는 인간들의 생명력보다는 길고 강하게 느껴진다.

누군가 인생은 현실이라고 했다. 나에겐 인생이란 현실이, 소설에 그려지는 삶의 형태보다 더 소설적이라 여겨진다. 마치 『어린왕자』에 나오는 북아프리카 사막의 모래알과 그 속에 존재하는 모든 생명들을 비추는, 한 줄기 별빛이 내리는 세상같이……. 사막! 오직 별빛 아래 자리하는 겨울 그믐의 어둠 속, 그곳엔 단 하나, 내 자신과의 대화와 그리움만이 자리한다.

새벽녘의 어수선함에 잠을 깼다. 잠 속에 사막 횡단이 끝난 셈이다. 내릴 준비를 하란다. 시 외각 지대 도로변에 멈춰선 버스는 짐을 내리라고 재촉을 했다. 우루무치까지 가는 버스로, 사막 횡단 도로 북쪽인 쿠얼러庫爾勒 시내 입구 도로에 멈춘 것이다. 지도를 살펴보니, 머지않은 곳에 장거리 버스 터미널이 있다. 이곳 쿠얼러에서 투루판까지는 약 385킬로미터로 투루판까지 직행버스가 하루에 한 대 꼴로 있다. 버스를 갈아타고는 투루판 분지 건조 지대 속을 아홉 시간이나 달렸다. 버스가 투루판에 접어들었을 땐, 이미 저녁노을은 저만치 지평선

광활한 대륙 속을 이동하는 이층 버스 내부

너머로 사라진 다음이다.

다시 돌아온 투루판, 역시 푸근하다. 호텔로 돌아오자 다들 자전거와 짐을 맡겨두고는, 일주일이나 되어도 돌아오지 않기에 걱정을 하고 있었단다. 이번도 약 서른 시간을 버스 안에서 보낸 셈이다. 샤워를 하고 나자 그나마 피로가 풀리는 듯하다. 이곳에서 쉬면서 체력을 회복한 다음 출발하자. 타클라마칸 사막과 인연을 맺고 돌아온 것이다. 정처 없는 여행자가 다시 찾을 그날까지, 변함없는 사막은 그곳에서 기다릴 것이다. 그리움 속에 꺼지지 않는 불씨로, 내 마음속에서도 조용히 존재하리니.

다음 날 새벽녘, 아직 어둠이 자리하는 시내를 벗어나자 도로변에 하얀 싸락눈이 자리하는 게 보인다. 밤새 얼마간 눈이 내린 것이다. 아직은 봄이 먼 건조 지대 속이다. 설령 봄이 온다 해도, 건조한 스텝 지역에 자생하는 가시나무 풀이 자리하는 곳에서는 푸르름을 느낄 수 없을 것이다. 둔황까지의 거리는 430킬로미터다. 군데군데 마을들이 있지만, 마을을 벗어나면 말 그대로 황량한 대지 속에 일직선 국도가 지평선 끝까지 이어져 있을 뿐이다. 이 척박한 대지의 하늘가엔 새 한 마리도 보이질 않는다.

회교도인 위구르족들이 많이 사는 신장웨이우얼자치구와 간쑤성의 경계선 지점에 있는 작은 마을에 도착했다. 한국의 열 배가량이나 넓은 신장웨이우얼자치구를, 주마간산走馬看山식으로 훑어만 보고 나오는 데만 한 달이 넘게 걸린 것이다. 말이 중국 변방 지역의 한 성省이지 언어, 민족, 종교, 문화와 역사 등을 통해 보더라도, 완전히 하나의 나라인 셈이다. 여기에 국경은 존재하지 않지만, 민족과 역사를 달리하는 성에서 성으로 넘어서는 순간이다. 지나온 신장웨이우얼자치구에서 인연 맺은 어여쁜 달마와 파미르 산맥, 타클라마칸 사막과도 안녕을 기하며…… 인연의 재회를 기약해 본다.

간쑤성

주어진 길을 달릴 수밖에

신기루 현상

간쑤성甘肅省 지역에 접어들어 조그만 산등성이를 넘어서자 도로가 산맥과 산맥 사이로 흐르고 있다. 아직도 바람이 차갑다. 얼마간의 내리막이 산맥이 방향을 돌리는 모퉁이 지점까지 이어져 있음이 보인다. 내리막이건만 마음대로 속력을 낼 수가 없다. 왼쪽 산맥 저편에서 불어오는 바람이 거세어, 속력을 낼수록 자전거가 흔들려 날아갈 것만 같다. 속력을 내고 달리는 차들도 엉금엉금 기어서 달리는 모습들이다. 불행 중 다행은 오르막이 아닌 내리막길인 것이다. 오르막에서 이런 강풍이 계속해서 불어 닥친다면, 말 그대로 완전히 초토화를 면치 못하게 되기 때문이다. 정오쯤에 산맥을 돌아서면서부터 그나마 바람이 잔잔하다.

자전거와 바람! 어떤 경사 길이냐에 따라서 차이가 있겠지만, 오르막길에서 뒤쪽이 아닌 방향에서 불어오는 바람엔, 저항을 포기하고 밀고 올라가는 방법 이외엔 달리 길이 없다. 평지에서도 바람이 다행히 뒤쪽에서 불어준다면, 말 그대로 순풍에 돛 단배같이 거리를 단시간에 줄일 수가 있다. 반면에 뒤쪽이 아닌 방향에서 바람이 불어오는 경우

서역으로 향하는 실크로드의 길목, 둔황으로 가는 사막 속 도로

엔, 아무리 평지라 하더라도 두세 배나 시간이 걸리는 것은 물론이고, 체력 소모도 많아진다. 자전거로의 여행이란 폭우와 폭설이 내리지 않는 한, 선택의 여지도 없이 내 인생의 무게만큼이나 무거운 업을 실은 윤회란 자전거를 끌고 달려야 한다. 무엇을 한들 세상에 쉬운 일이 있겠는가마는, 도중에 오토바이 여행으로 바꿀까도 수없이 생각해 보았다. 업을 피해 가자고 한들 달리 방법이 없는 법이기에 주어진 길을 두 바퀴를 가진 자전거와 내 다리로 달릴 수밖에.

간쑤성에 들어서부터 대지의 단색이 황토 빛에서 점차 태양에 익어 버린 돌들로 인해 검은 색깔을 띠기 시작한다. 같은 대지에도 아직 반사막화 단계의 초기에 속하는 지역들은 검은 빛깔의 광야다. 이런 지역에 접어들면서 대지 저만치 시야가 끝나는 지점에, 아물거리며 펼쳐지는 호수가 많이 보여온다. 지도상에도 호수는 존재치 않는다. 그렇지만 눈앞엔 바다와 같이 큰 호수가 하늘과 지평선 사이에 아늑하게 보이는 것도 사실이다.

신기루 현상이다. 뜨거운 태양빛이 자리하는 대륙에서만 나타나는 육안(肉眼)의 착각 현상이다. 착각이라곤 하지만 영상처럼 눈앞에 보이

는 게 사실이므로 육안의 착각 현상이라고 단정할 수만은 없다. 자연이 창출시킨 희망과 같은 허상의 현상이다. 지구 반대편의 호수나 바다가 하늘에 비쳐져, 이쪽 지상에 영상처럼 반사되는 현상이다. 신기루 현상인 줄 알면서도, 혹시나 호수 같은 게 그곳에 있지나 않나 하는 기대감을 가지게끔 한다. 끝없이 펼쳐진 건조한 사막 지대 속을 몇 개월 동안 달려온 사람이라면 누구나가 한 번쯤은, 신기루가 실제의 호수로 자리해 주길 바라는 간절한 심정은 어쩔 수가 없다.

간쑤성 경계선을 넘은 지 3일째 되는 날 오후, 도로변에 얼마간의 갈대숲과 모래땅이 보이기 시작한다. 시야가 끝나는 지점에 산맥도 아닌 뭔가가 가로로 길게 늘어선 게 보인다. 오아시스 마을을 둘러싸고 있는 미루나무 숲일 것이다. 그렇지 않고는 있을 수 없는 일이다. 둔황敦煌에 거의 다 왔음이다. 눈에 익은 풍경이다. 7년 전에 다녀간 곳이다. 도로 양쪽에 줄지어 늘어선 미루나무는 낙엽 한 잎조차도 벗어버린 채 객을 맞는다. 7년 전엔 한껏 푸른 모습으로 반겨주던 둔황이었건만, 봄도 아닌 늦겨울에 다시 왔으니 어쩔 수 없는 일이다. 미루나무 속으로 난 수로水路 건너편엔 봄을 맞을 준비에 손길을 재촉하는 농부들의 모습들도 보인다. 살아 숨쉬는 모습이다. 오아시스는, 역시 인간의 삶이 살아 있는 곳이란 걸 새삼스레 느끼며 또 한 번 감동의 눈으로 바라보는 순간이다.

만리장성의 서쪽 끝 지점

길을 재촉하자! 아직도 갈 길이 멀다. 넓고 푸른 내 고향 동쪽 바닷가가 그립다. 사막이란 단순 속의 바다에 서 있는 지금, 고향의 푸른 물결로 어우러지는 바다가 그리운 것은 무슨 연유인지……. 둔황을 출발하여 4일째 되는 저녁 무렵, 자위관嘉峪關에 접어들었다. 만리장성의 서쪽 끝 지점이자, 고비 사막의 서쪽 끝 지점에 해당하는 곳이다. 남북으로 이어진 장성長城의 벽을 뚫고 난 국도 왼편에, 석양에 어린 육중한 회색빛 건축물인 자위관 성城이 높은 성벽 속에 조용히 역사를 굽어보며 자리하는 게 보인다. 시내 중앙에 숙소를 정하고는 다음 날 계획에 들어갔다. 이곳에서 둘러볼 수 있는 시간은 단 하루다. 하루 동안에 주변에 산재하는 몇 군데의 유적지들을 돌아보아야 한다.

다음 날 아침, 자전거로 유적지 견학에 나섰다. 시 외각 10킬로미터 이내에 있는 만리장성萬里長城 관련 세 곳의 유적지를 선정해 놓았다. 시내에서 4킬로미터 서쪽에 위치한 자위관과 북쪽 11킬로미터 지점에 있는 현벽장성懸壁長城, 서남쪽으로 10킬로미터가량 떨어진 만리장성의 끝 지점 등 세 곳이다. 며칠 사이건만 둔황보다는 얼마간 따뜻해진 느낌이다. 하이킹하는 기분으로 시내를 벗어나는 국도를 달리자 자위관이 오전 햇살 아래 조용히 옛터를 지키고 있다. 알려진 관광지인 만큼 깨끗하게 단장을 끝낸 터이기에, 옛 모습을 느끼게끔 하는 것은 그다지 없다.

한漢나라 때 중국 서쪽의 최변방 국경 검문소였던 곳이자, 만리장성의 서쪽 끝 지점 국경 관문이 자위관이다. 지금으로부터 2,000년 이전의 일이다. 이후 명 대明代인 1372년에 장성은 재건되어, 서역西域과 접하는 중국의 경계선으로 여겨져 온 곳이다. 청 대淸代에 접어들어, 서역 지역인 지금의 신장웨이우얼자치구와 티베트 등지로 영토를 넓히면서 중국의 국경이 변화된 것이다. 자위관은 군성軍城으로 축조된 군사 시설이기에 건축물의 화려함은 배제되었지만, 견고함과 육중함은 대륙의 힘을 느끼게끔 한다. 이곳은 고대 때부터 '천하웅관자위관

天下雄關嘉峪關'이란 이름으로 불려질 만큼 알려진 곳이기도 하다.

현벽장성으로 이어진 국도 왼편엔, 두께 1미터가량에 높이 3미터 정도의 황토로 축조된 거대한 성벽이 동북쪽 산맥으로 몇 킬로미터나 이어져 있고, 산맥은 동북 방향을 향해 몸부림친 모양이다. 산맥 앞쪽엔 광활한 고비 사막이 동쪽 하늘 아래로 펼쳐져 있다. 과연 대륙이다! 광활하다는 표현 이상의 말이 생각나지 않는다.

용이 승천하듯 내치는 현벽장성

만리장성은 최서단 지점인 이곳에서 고비 사막 아래쪽을 따라 산악 지대를 이어 베이징北京 뒤쪽을 통해, 동쪽 바닷가 황해와 접하는 지점인 산하이관山海關까지 이어져 있다. 만리장성의 길이인 만 리萬里는 환산하면 4,000킬로미터(만리장성의 실제 길이는 6,300킬로미터)나 되는 멀고 먼 거리다.

인류의 어머니와 같은 강줄기

황허 강을 등지고 아기를 안고 비스듬하게 누워 있는, '황하모친상黃河母親像'이란 이름이 붙은 거대한 화강암 조각상 앞에 섰다. 무척이나 온화한 느낌의 여인상이다. 세계 4대 문명 발상지들은 모두 큰 강 유역이다. 황허 역시 그중의 하나로 고대 중국 문명의 발상지다. 강江, 河, 川과 어머니母의 관계는, 4대 문명 발상지와 관계하는 강들을 표현할 때 자주 쓰인다. 인더스 문명의 발상을 낳은 인더스 강은, 갠지스 강과 더불어 고대 인도 때부터 인도 대륙의 어머니로 불려져 왔다. 나일 강의 경우, 어머니라는 인간의 단계를 넘어 '나일 강의 여신 女神'으로까지 승화되었고, 이곳 황허 역시 고대 중국에서는 양쯔 강과 더불어 대륙의 젖줄이라 하여 어미 모母 자를 붙여 표현해 왔다. 대륙과 같이 넓은 대지와 가혹한 기후와 지형적 환경 속에서 강의 존재는, 고대인들에겐 그야말로 모든 생명을 창조시키는 생명력의 원천이었던 것이다.

황하모친상 앞 벤치에 앉아 생각에 잠겨 있는데, 중학생 정도로 보이는 소년과 초등학교 3학년가량 되어 보이는 소녀가 내 자전거를 가리키며 어디서 왔느냐고 말을 걸어왔다. 한국 사람인데, 독일에서 자전거로 여기까지 10개월이나 걸려 왔다고 하자, 믿어지지 않는다는 표정이다. 믿어지지 않는 게 당연하다. 베이징도 아직 가보지 못했다는, 어린 그들에겐 상상을 초월한 거리이거니와 온전한 정신을 가진 사람이라면, 이런 여행 구상은 처음부터 하지 않는다.

서로가 필담으로 이런저런 얘기들을 나누는 동안, 여동생이라는 어린 소녀는 사슴만큼이나 동그란 눈을 뜨고는 그저 눈만 깜빡이며 나를 바라보고 있다. 어느 세상에나 아이들은 천진하고 아름다운 눈망울을 간직하고 있다. 마지막으로 자신의 수첩에, '란주삼난蘭州三亂'이라고 써서 보여주면서 조심하란다. 그래서 무슨 뜻인가를 묻자, 요즘 들어 란저우蘭州에 지방으로부터 급격히 인구가 집중되어 각종 범죄가 일어나고 있으니 조심하라는 것이다.

급격한 경제 성장을 이룩하고 있는 중국 대륙이지만, 대도시와 지방 간의 경제적 격차는 중국 건국 이후 최대로 벌어지고 있다는 보고서를 읽은 적이 있다. 일자리를 찾아 무작정 도시로 집중되는 인구로

황허 강과의 재회

인해 여러 가지 범죄 수치 또한 급격히 증가하고 있는 실정이다. 이전만 해도 중국은 여행하기에 치안이 좋은 곳으로 알려져 있었다. 요즘은 특히 산간 지대와 변방 지역은 물론 대도시에서도 여행자들을 노린 각종 범죄들이 속출하고 있다는 여행자들의 정보가 많아지고 있어, 중국 역시 주의를 요하는 나라 중의 하나로 되어 있다.

어린 자매와 악수를 나누곤, 황하모친상 근처 동쪽에 거대한 수차水車가 있는 곳을 향했다. 황허 강 쪽으로 거대한 수차 두 대가 맞물려 돌아가게끔 설치되어 있다. 나무로 만들어진 수차는 지름이 10미터는 넘어 보인다. 명 대 때부터 건설되기 시작한 란저우 수차는 1952년에 이르러 252개의 수차가 란저우 시내를 흐르는 황허 강 양 변에 설치되어, 일명 '수차의 도시'라는 별명이 붙을 정도였다고 전해진다. 수차 건너편 북쪽에 산등성이 가득, 누각樓閣과 사원이 있는 게 보인다. 백탑산白塔山으로 불리는 곳이다.

황허 강을 뒤로하고 숙소로 돌아왔다. 둔황을 출발하면서 바쁜 일정 속에 달려만 왔기에 여행기 연재 작업이 많이 밀려 있다. 더 이상 미룰 수가 없다. 이곳을 떠나면 시안(예전의 장안)까지 인테넷 카페를 찾을 수 있다는 보장이 없다. 2박 3일간 집필 작업에만 매달린 덕분에 대충 정리를 끝냈다

시황제 병마용항 박물관

눈 깜짝할 사이에 고도 시안에서 만난 또 다른 인연들로 짧지 않은 나날들을 보내고는 베이징을 향해 출발이다. 먼저 시안에서 얼마 떨어지지 않은 진시황릉에서 동쪽 4킬로미터 지점에 위치하는, 시황제 병마용항 박물관秦始皇兵馬俑坑博物館을 한 번 더 보고 싶다. 세계적인 관광지인 만큼, 도로 포장은 깨끗하게 잘 정리되어 있다. 중국 굴지의 관광 명승지인 만큼, 노동절 연휴를 맞아 찾아온 중국인 관광객들로 분주하다. 현재의 중국 평균 물가로 보더라도, 결코 싼 가격의 입장료가 아니다. 경제적으로 성장기에 접어 들어가는 중국인 만큼, 생활 스타일에 많은 변화가 계속되고 있는 한 단면이라 생각된다. 7년 전 여름에 이곳을 찾았을 땐 발굴 작업을 하고 있던 중이었다. 지금은 그때의 발굴 작업 현장은 없고 깨끗이 단장을 끝낸 모습이다.

병마용항兵馬俑坑은 유적지 발굴 현장 위에 건물을 지어 박물관으로 보전하고 있는 특이한 곳이다. 그만큼 일반 박물관 유리관 속에 전시되어 있는 한두 점의 유품이 아니라, 유적지 전체 현장을 있는 그대로 보전하고 있는 역동적인 현장 박물관이다. 병마용항이 발견되어 세상에 알려지게 된 것은 그다지 오래되지 않는다. 1974년에 이곳에 우물을 파려던 농민이 우연히 도기로 된 병마兵馬를 발견하면서 발굴 작업이 시작되어, 2,000년 넘게 역사 속에서 잊혀졌던 병마용항이 세상 사람들 앞에 선보이게 된 것이다. 발굴 작업이 계속되던 1976년에도 계속해서 새로운 유적지가 발견되어 현재 그 전모를 볼 수 있다. 처음 발견된 1호 항은 동서 230미터 남북 62미터의 직사각형이며 항坑의 깊이는 5미터나 되어 무려 6,000체의 병마용 군단(현재 출토된 것은 그 중에서 약 1,000체)이 있다.

병마용兵馬俑의 용俑이란 뜻은 사람이나 동물 형태를 한 부장품副葬品으로 안이 비어 있는 도기 제품을 일컫는다. 이곳의 병용兵俑은 높이가 평균 1.8미터이고, 마

병마용항에서 출토된 유물들. 시안 근교 아방궁 후원

용馬俑의 경우 1.5미터로 모두가 일렬로 정렬하여 동쪽을 향해 서 있는 모습이다. 이는 서쪽 4킬로미터 지점에 있는 진시황릉을 수호하기 위한 상징적인 방향이라 추측된다. 모든 병마용은 실제의 병사와 말 크기를 그대로 나타내고 있다. 그리고 각각의 병마용의 형체나 표정이 제각기 다른 것으로 보아, 실제의 모델을 두고 만들어졌을 것이라는 추측이 가능하다. 이 밖에 전차대와 사령부 등이 발굴된 것으로 보아, 완전한 지하 군단이 진시황의 영생을 지키게끔 조성된 듯하다.

고대 때 축조된 신전神殿과 거대한 제국의 황제 능陵이나 파라오를 안치한 피라미드 주변엔 반드시 그곳을 지키는 수호신도 함께 축조되어 있다. 고대 이집트의 신전과 피라미드 그리고 고대 그리스 신전들 앞에 세워진 스핑크스가 그 대표적인 것들이다. 카이로 근교에 위치한 거대한 세 개의 피라미드를 지키고 있는 스핑크스 역시, 정확히 피라미드를 등지고 동쪽으로 향해 앉아 있다.

시안을 떠난 지 3일 째 되던 날 오후, 호수처럼 고요한 황허 강과 만났다. 어느덧 허난성河南省에 접어든 것이다. 왼쪽 저지대 평야를 바라보며 이어지는 구릉 지대 위의 국도지만, 구릉 자체의 굴곡은 그다

지 느껴지지 않는다. 과실나무 농장이 산맥 자락까지 이어져 있는 농촌 풍경이 풍요로워 보인다. 아마도 계절 탓도 있으리라. 초여름을 향해 치달리는 녹음으로 가득한 계절이기에, 중앙아시아에 접어들면서부터 몇천 킬로미터를 겨울 동안 달려온 나에게는, 풍요롭게 비칠 수밖에 없다. 주변의 환경이 사막 건조 지대라는 극極에서, 녹색으로 가득한 벌판 지대라는 극極으로의 변화가 있는 것도 사실이다. 주변 환경의 변화보다는, 힘들었던 여정도 끝나간다는 마음의 안도감과 같은 여유와 함께 이제 내 여정도 끝나가는구나라는 아쉬움이, 내 주변을 더 풍요롭게 느끼게 하고 있는 것은 아닐까.

여러 가지 생각들이 겹쳐 오지만 일단은 무념無念으로 돌아가자. 아직도 여정 중에 있는 내 자신이다. 여정 중에 생겨나는 감성은, 접어둘 필요가 있다. 내 자신, 감성으로 글을 쓰는 작가나 작품을 구상하는 예술가가 아니다. 그저, 여정 길을 삶처럼 걸어가는 게 본업인 사람이다. 이런 본업을 가지고 살아가는 사람들에게 감성이란 아무런 도움이 안 될 뿐더러 때로는 '내가 왜 이 길을 걷고 있는가? 꼭 이 길을 걸어야만 하는가?'라는 회의적인 감정에 빠지게 하는 바이러스와 같은 존재다. 절 집 속담에 "인심人心이 많으면 도심道心이 멀어진다."는 말이 있다. 감성에 좌우되는 내 마음이, 얼마 쌓지도 못한 그 마음까지 씻어버리지나 않을런지⋯⋯.

허난성

결코 길지 않은 인생에서 공존하는 생과 사

뤄양에 입성

오늘도 어느덧 석양이 등 뒤로 돌아섰다. 시안을 출발하여 4일째 되는 저녁 무렵, 천 년 고도 뤄양洛陽에 입성했다. 시내에 숙소를 정하고 저녁도 먹을 겸해서 밤거리로 나섰다. 시내 도로변은 가로수와 정원 등으로 상당히 잘 조성되어 있는 느낌이다. 무엇보다도 대로변에 설치된 조명이 한층 분위기를 더해 준다. 두 번째 중국 여행이지만, 뤄양을 찾은 것은 처음이다. 어렸을 때 "뤄양천 십리하에 높고 낮은……."이란 유행가를 통해, 뤄양이란 도시 이름을 기억했었다. 중국 역사 속에 뤄양의 중요성 또한 잊을 수 없지만, 굳이 이곳을 찾은 이유는 단순히 내 어렸을 적 동경을 확인하고 싶어서다.

뤄양은 여러 왕조의 도읍지로 번창하며 오랜 역사를 간직하고 있는 곳이다. 지금으로부터 약 3,000년 전인 기원전 770년에 주周나라가 시안 근교에서 이곳으로 도성을 옮겨 오면서부터 시작하였다. 이후 북송北宋 때까지 열세 왕조가 뤄양에 도성을 정했을 정도로 시안西安(옛 이름은 장안)과 함께 고대 중국사의 중심 무대로 알려진 곳이다. 또 1,300개가 넘는 사찰이 있었던 곳으로 중국 불교의 고향이었던 곳이기도 하다. 그러나 현재의 뤄양 시내에서는 옛 모습을 찾아볼 수 있는 유적지는 전무하다. 그래도 많은 여행객이 뤄양을 찾는 이유는, 뤄양 시내 남쪽 16킬로미터 지점에 위치하는 세계적인 석굴인 룽먼 석굴龍門石窟과 동남쪽 60킬로미터 지점인 쑹산 산에 있는 소림사 때문이다.

그 유명한 소림사보다도, 기원전 1세기를 전후하여 중국에 불교가 전래되면서 처음으로 세워진 사찰인 백마사白馬寺를 찾고 싶다는 생각이 더 강하다. 시안에서 생각지도 않게 한 달씩이나 지체했던 터여서 일정을 조금 서둘러야 하는 상황이다. 그래서 뤄양에서 60킬로미터나 떨어진 소림사는 다음 기회로 미룰 생각으로 뤄양을 찾았다. 그러나 중생인 나에겐 역시 견물생심見物生心이라, '뤄양까지 왔는데 소림사까지 보고 가는 길은 없을까? 안 되면 하루 더 머물지 뭐.' 하는 심보가 생겨났다.

결국 다음 날, 새벽같이 일어나선 소림사로 가는 버스에 올랐다. 우선 먼 곳부터 접수해 놓는 것이 변수가 많은 여행에서 치고 달릴 수 있는 전술이다. 동서로 길게 자리한 뤄양 시내를 동남쪽으로 벗어나자 아직 들판엔 아침 안개로 가득하다. 중생에겐 역시 욕심이 끝이 없는 법인가? 뤄양에서 소림사로 가는 30킬로미터 길목에, 중국 3대 불경 번역가의 한 사람인 삼장법사三藏法師 현장玄奘 스님의 고향이 있다. 일명 현장고리玄奘故里(현장 스님의 고향)로 불리는 이곳엔 현장 스님이 잠들어 있는 묘소와 생가가 있다. 불교학을 연구하는 사람에게 현장 스님은 대스승이시다. 그래, 이곳부터 돌아보자.

국도에서 동쪽으로 벗어나, 마을 뒷길로 얼마간을 걸어가자 오솔길이다. 주변이 논밭으로 이어진 작은 시골 마을이다. 아담한 숲·속에 자리한 사당 앞 키 작은 비석에 '현장고리玄奘故里'로 표시되어 있다. 이 주변 마을이, 당나라 때 진陳씨 성姓을 가진 사람들이 모여 살던 동네다. 현장 스님의 속가俗家 성씨가 진陳씨다. 18년간의 인도 유학 후, 장안長安에 있는 자은사慈恩寺에서 역경譯經(경 번역) 작업과 강의를 오랫동안 한 관계로 장안 사람으로

삼장법사 현장 스님의 사리탑과 묘

생각하기 쉬우나, 그는 뤄양 사람이다. 소림사나 룽먼 석굴에 비해 그다지 알려지지 않은 이곳은 생각했던 것보다 고요함에 젖어 있다.

사당 입구 정문 왼쪽에 현장 스님이 인도에서 가져와 심었다는 보리수나무가 우물가에서 세월을 빨아들이고 있다. 현장 스님의 속가 가족이 살던 집을 사당처럼 꾸며놓은 곳이다. 조그만 박물관까지 갖추고 있는 사당 후원엔 중국 불교에 위업을 남긴 현장 스님의 석상이 평온하게 서녘을 바라보고 앉아 있다. 20년에 가까운 구법求法의 여정 길을 생각하고 계시는 걸까? 아니면, 스승의 나라 인도의 향수에 젖어 계시는 것인지……?

당신의 나이 스물아홉 살 때, 국법을 어겨가면서까지 떠난 여정 길. 날란다대학에서 스승을 만나 유학 생활로만 18년, 결코 길지 않는 인

생에서 많은 세월을 보낸 인도다. 생生과 사死가 공존하며, 성聖과 속俗이 같은 시공간時空間에 함께하는 인도 대륙이, 현장 스님 일생을 통해 그리웠으리라. 극極과 극極이 존재하는 인도 땅! 한 번 발을 들여놓으면 인도 병印度病에서 헤어날 수가 없게끔 만들어버리는, 진한 매력으로 가득한 아대륙亞大陸이다.

구법의 긴 여정 길을 다녀오신 현장 스님께 합장 삼배를 드리고는 사당을 나와, 스님의 묘가 있는 곳으로 향했다. 사당에서 2킬로미터 남쪽 도로변에 자리하는 사찰 후원 대탑 뒤에 현장 스님이 잠들어 계신다. 사리탑舍利塔이 아닌 봉분封墳이다. 화장火葬이 아닌 토장土葬으로 모신 듯하다. 그다지 크지 않은 봉분은 잡초로 덮여 있고 손이 닿는 부분엔 이곳저곳 조금씩 패여 있다. 앞서 가던 중국인 관광객이 비닐 봉지를 벌리곤, 봉분에서 흙 한 줌씩을 담아 가는 모습들이다. 설마 집에 가져가서 가족끼리 먹으려는 것은 아닐 텐데, 국보급 유적을 스스럼없이 훼손하는 모습이 과히 아름다운 풍경은 아니다. 현장 스님의 뜻을 새기고 마음속에 담아가야 할 것이거늘, 한 줌의 흙을 가져다가 자손 대대 가보로 남기려는지…….

소림사

길가에서 지나가는 버스를 잡아타고는, 다시 소림사小林寺로 향했다. 도로는 평야가 끝나고, 갑작스러운 비탈길로 이어진 산속으로 향하고 있다. 들판에 펼쳐진 안개 위를 단숨에 넘어 오른 버스는 고개를 지나 내리막길로 접어들어 서더니, 금강역사와 같이 힘에 찬 모습의 쿵후 모습을 한 거대한 동상 앞에 멈췄다. 동서남북 사방에 각각 골짜기를 사이에 두고 우뚝 선 산들 사이에, 십자로 같은 분지 지형이다. 이곳이 소림사가 있는 쑹산 산嵩山이다. 이곳 쑹산 산은 해발 1,512미터로, 도교道敎에 있어 중요한 산이다. 도교의 세계관에서 세계는 지地, 수水, 화火, 목木, 금金으로 형성되고, 이 다섯 가지의 원소의 기초인 지地 위에 탑 형식으로 우주가 형성되어 있다고 한다. 이 다섯 가지 원소들은, 각각 중국의 5악五嶽(중국의 5대 명산) 쑹산 산嵩山 - 地 - 中嶽 - 河南省, 타이산 산泰山 - 水 - 東嶽 - 山東省, 화산 산華山 - 金 - 西嶽 - 陝西省, 헝산 산衡山 - 火 - 南嶽 - 湖南省, 헝산 산恒山 - 木 - 北嶽 - 山西省으로부터 모이는 것으로 설명한다.

 이 5대 산의 중심이 바로 하늘 아래 있는 쑹산 산이며 우주의 근본 토대의 산으로 숭상할 정도로 명산이다. 불교와 관계를 지어 조명해 볼 때도, 소문난 불무도佛武道의 전승지로서의 소림사보다는, 중국을 비롯한 극동 아시아 지역 불교권 나라들에 선불교禪佛敎를 소개한 달마대사達磨大師와 인연이 더 깊은 곳이다. 기록에 의하면 5세기경, 인도의 왕자 출신인 달마 스님이 중국으로 와선 이곳 쑹산 소림사 뒷산에 있는 달마동達磨洞으로 불리는 동굴에서, 9년간의 면벽참선面壁參禪을 하고는 중국에 선종을 새로이 개종한 것으로 되어 있다. 이런 역사적인 관계에서 보면, 소림사는 불무도라는 무술의 본산本山이라는 면보다는 극동 아시아 불교권 선종禪宗의 총본산總本山으로 이해하는 게 옳을 것 같다.

 소림사가 있는 쑹산 산 서쪽 산자락이 현재까지도 밀림과 같은 숲으로 우거져 있진 않다. 소림사란 이름은 글자 그대로 '작은 나무로 이루어진 숲 속'에 있는 절이라는, 주변 환경에서 그 이름이 붙여졌음을 알 수 있다.

 산문山門에 접어들어 강가를 따라 난 도로를 걸어 전나무 숲 뒤에 자리한 소림사 경내로 발걸음을 옮겼다. 깨끗하게 단장을 끝낸 경내엔 관광객으로 줄을 잇고 있지만, 고목에 싸인 사찰은 중국의 여느 사찰과 다를 바 없는 고요한 분위기다. 선방이 있는 건물 쪽에는, "일반 관광객들은 출입을 삼가해 주세요!"라는 표지판이 있다. 사찰은 역시 수행 도량이다. 불무도의 도장道場은 사찰에서 얼마가량 떨어진 소림사 무술관이다.

불무도의 전승지로 더 알려진 쑹산 산의 소림사

 버스에서 내려서 이곳 마을 주변을 둘러보았을 때, 여기저기 '00무술학교'가 많이 있는 것에 내심 놀랐다. 운동장과 공터에는 체육복을 입은 청소년들이 교사의 지도 아래 연습에 열중인 모습들이다. 한국에서 과외 정도로 다니는 도장이 아니라, 초·중·고등학교에 해당하는 정식 교육기관들이다.

 인구가 12억이 넘는 중국 대륙에는 축구 학교, 무술 학교 등의 각종 특수학교가 상당히 많고, 경쟁률 또한 치열한 것으로 알려져 있다. 어릴 때부터 그 분야의 전문가들을 양성하는 학교들인 것이다. 모든 부분을 똑같이 어느 정도 공부해야 하는 한국식 교육 시스템과 달리, 한 분야의 전문가들을 양성하는 교육 체제이다. 이곳 무술 학교에서 공부한 학생들은 경찰관(중국에는 무술 경찰대가 따로 조직되어 있다.)과 경호원, 또는 체육과 교사로, 일부는 홍콩 무술 영화배우로 진출하고 있다고 한다.

불국토 룽먼 석굴

소림사에서 우연히 만난 한국인 여행자 아가씨와 룽먼 석굴龍門石窟과 백마사를 함께 돌아보기로 하고는, 룽먼 석굴을 향하는 버스에 올랐다. 괴로운 인생 문제를 안고 떠나왔다는 그녀의 얘기는 오는 동안 충분히 들었다. 문제 정리를 대신 해줄 필요가 있다. 버스 안에서도 우린 계속해서 대화를 주고받았다. 룽먼 석굴 근처까지 왔을 때쯤, 이쪽의 이야기를 알아듣는 데까지 도달했다. 이제는 일어난 현상 문제에 대해 이야기할 게 아니고, 세상을 바라보는 눈에 대해, 얘기해야 할 때가 시작된 것이다.

룽먼 석굴로 이어지는 도로는 키가 작은 꽃밭으로 황홀 지경이다. 몇 킬로미터나 이어진 이 동화 속의 세계! 5월은 역시 계절의 여왕이구나. 수양버들 가지가 휘영청 강물 위에 늘어진 룽먼 석굴 입구에 다다랐을 때, 태양이 호수같이 출렁이며 흘러가는 강물 가운데로 떠내려가고 있다. 뤄양 시내에서 정남쪽으로 16킬로미터 떨어진 이허 강伊河 서쪽 기슭에 자리하는 룽먼 석굴은, 둔황 석굴敦煌石窟과 함께 중국을 대표하는 불교 석굴로 알려져 있다. 그 명성은 익히 들어왔지만, 완벽한 위치다. 중천을 넘어가지 않은 태양 아래 드러난 화강암 석굴들, 그 속에 조용히 흘러가는 강물을 바라보며 앉아 있는, 천만의 불보살님들! 뤄양에 와서 세 번째의 감동이다. 아니 이번 중국 여행 중, 최대의 감동의 순간이다. 어떻게 묘사를 해야 할지…….

암벽 높이가 20~30미터는 족히 되어 보이는 절벽이 강줄기를 따라 2킬로미터 이상 이어진 화강암 절벽엔, 빈 공간 하나 없이 석굴과 조각들로 자연 박물관(Open Museum)을 형성하고 있다. 어떤 의미에서 보든 아잔타와 에로라 석굴을 능가하는 규모와 아름다움으로 강물까지 파도쳐 오르는 듯하다. 짙은 회색의 암벽에 장엄한 대천세계의 불국토佛國土가 그대로 새겨져 있는 느낌이다. 내 개인적인 느낌이지만, 불교 석굴로는 세계 최대 규모가 아닐까 하는 생각마저 들 정도다. 이것은 말 그대로 바위 암벽 위에 만든 진짜 석굴이다. 둔황이나 마이지 산 석굴麥積山石窟에서 볼 수 있는 화려한 색상이라곤 단 한 줄도 없지만, 자연의 바위 위에 표현된 형언할 수 없이 전해 오는 부드러운 입체감! 모든 것을 잊고 싶은 순간이다. 내 자신, 바위 속으로 들어가 가부좌를 틀고 앉아 이 세계에 영원히 자리하고픈 심정이다.

내 자신 사진 찍는 것을 즐기는 사람이 아니다. 여행기 연재 작업을 위해 여행 중에 몇 장을 찍는 것 이외는 카메라에 거의 손을 대지 않는다. 사진을 찍어도 대부분이 자연을 배경으로 하는 사진이 많고, 유적지 유물에는 거의 초점을 맞추지 않는 편이다. 그런데 여기서는 내 자신이, 이 아름다움을 사진에 담고 싶다는 욕망이 불길처럼 타오르고 있는 것이다. 사진에 이 같은 욕망의 불길을 느끼기는 태어나서 처음 경험하는 일이다. 손바닥 크기만 한 석굴에서 해인사 대웅전이 들어가고도 남을 만한 석굴 등 2,300개 이상 된다는 숫자의 석굴마다 조각된 10만 개가 넘는 조각상과 부조상 불보살님들 얼굴이 하나같이 다 다르다. 바위에 새겨진 얼굴들이건만 너무나 부드럽고 아름답다. 마치 살아 숨쉬는 느낌이다. 이와 더불어 2,800개에 이르는 명각문銘刻文과 80개의 석탑으로 완벽한 불국토 세계를 우리들 눈앞에 드러내고 있는 석각石刻의 예술 박물관이다. 사진에 문외한인 내가 여기서 아마도 200장 이상은 찍은 것 같다. 유네스코에서 지정하는 '세계문화유산'이란 이름보다도 인류가 손끝에 마음을 담아 만든 불멸의 문화유산이 아닐 수 없다.

숨결이 느껴지는 룽먼 석굴의 석가모니 부처님 상

이 형언할 수 없을 만큼 아름다움을 간직한 룽먼 석굴은 5세기 말경 북위北魏 때부터 시작되어, 북제北齊, 수隋, 당唐, 북송北宋 때까지 약 400여 년에 걸쳐 형성된 것이다. 이 세계적인 문화 유산에 도굴과 파괴 행위를 자행한 것은 다름 아닌, 19세기와 20세기 때 탐험대로 이름 붙인 서양의 도굴단이다.

현재는 대부분이 유럽과 미국의 개인 소장품으로 감춰져 있다. 그 중의 일부가 뉴욕에 있는 메트로폴리탄 예술 박물관(Metropolitan Museum of Art)과 캔자스시티에 있는 넬슨-앳킨스 박물관(Nelson-Atkinson Museum, Kansas City)에 소장되어 있는 걸로 알려져 있다. 도굴품들을 자신들의 소장품인 양 버젓이 전시를 하고 있는 나라 사람들의 양심이 이해가 안 된다. 또 한 차례의 수난은 현대에 자행되었다. 다름 아닌 중국의 문화대혁명 때, 망치를 들고 나타난 홍위병紅衛兵들에 의해 완전히 초토화를 면치 못한 가슴 아픈 역사를 안고 있는 곳이기도 하다.

내가 겨우 제정신으로 돌아온 것은 석굴이 끝나가는 지점에서다. 그러고 보니 함께 온 사람이 있는 것을 잊고 있었다. 우리는 강물에 가지를 담근 수양버들 그늘 밑 의자에 앉았다. 내가 미안하다는 말을 건네자, 정신없이 석굴 안을 들여다보며 사진을 찍어대는 모습에서 오히려 잊었던 자신을 되찾을 수 있었다는 대답이다. 잘된 일이다. 나는 내 마음을 잊어서 만족이고, 그녀는 자신의 마음을 되찾아서 다행이다. 바람결에 이는 호수와 같은 강물을 바라보며, 우리는 길을 되돌아왔다. 길을 걷는 동안, 그녀는 마음을 정리해 가는 듯 말이 없다.

　이제 베이징을 향해 북상 길이다. 오월에 접어들어 낮이 많이 길어졌다. 베이징까지의 여정엔 더 이상 유적지를 견학할 계획은 없다.

여정의 마무리 지점

새로운 여정을 구상하는 것만큼 즐거운 일은 없다

베이징을 향해

다음 날 5월 7일 새벽 5시 출발. 동서로 길게 뻗은 뤄양의 새벽은 조용하다. 시내가 끝나는 동쪽 끝에서 북쪽으로 방향을 정했다. 시내를 벗어나자, 농촌의 한가로운 아침 풍경이 푸근하게 다가온다. 뤄양과 황허 강 사이에 걸쳐 있는 산줄기를 넘어선 곳에 끝없이 이어진 평야가 아물아물하게 보인다. 황허대교에 다다랐을 때, 태양은 이미 하늘가로 솟아 있었다. 태양에 반사된 황허는 희미하게 모습을 드러낼 뿐, 대해大海와 같은 움직임조차 느껴지지 않는다.

2~3킬로미터나 이어지는 대교 중간에서 자전거를 멈추곤 휴식이다. 둔황을 출발할 적에 여기서부턴 뗏목을 만들어 1,000킬로미터 동쪽 바닷가 황허 강 하구까지 뗏목 여행을 할 계획을 세웠었다. 언젠가의 여정으로 남겨두고 떠나야 한다. 황허 강과도 서너 번을 재회하면서 많이 친해졌다. 지구의 역사와 함께 자리해 온 황허, 그녀가 움

직이리라곤 생각지 않는다. 그렇다면, 다시 찾고 안 찾고는 내 마음에 달려 있다. 여정 중에 새로운 여정을 구상하는 것만큼 즐거운 일은 없다. 황허대교를 건너자 그곳부턴 끝도 없는 평야 지대다. 화베이평원華北平原의 끝자락에 접어든 것이다. 한국 땅 넓이만큼이나 넓은 대평원이다.

뤄양을 출발하여 이틀째 오전, 베이징까지 일직선으로 이어진 국도 107호선에 접어들었다. 더 이상 지도가 필요 없는 길이다. 대평원 역시 단색 단순의 극치는 색이 다를 뿐, 사막의 단순함과는 다를 게 없다. 하지만 이곳 도로변 농촌 벌판가엔 인간이란 생명과 생물의 푸르름 또한 함께 자리하고 있다. 내용적인 면에서는 단순함 속에도 차이가 느껴진다. 역시 사막의 단순함이란 극極과는 느낌이 다르다.

시안에서 한 달 동안 머물면서 회복한 체력도 다 떨어져 가고 있다. 여기서 업장 살을 조금 줄일 필요가 있다. 사실 시안에서 한 달 동안, 무려 10킬로그램이나 체중이 늘었었다. 편안한 생활에서 오는 살을 업장業障 살이라고들 한다. 이런 업장 살은 일주일에서 10일 정도 자전거에 앉아 있다 보면 거의 본전도 남지 않는다. 그래서 걱정을 않는다.

이제, 여정도 10여 일만 남겨두고 있다. 그러나 아직도 길은 끝나지 않았다. 뤄양을 출발한 지 7일째 오후, 구름 한 점 없는 하늘에 펄럭이는 붉은 오성기五星旗를 바라보며 베이징 톈안문天安門 광장에 입성이다. 톈안문 앞에 걸려 있는 모택동 아저씨 초상화도 여전하다. 톈안문 광장 주변에 변한 것이라곤 없는 듯하다. 광장으로 자전거를 끌면서 걷고 있는데, 군복에 권총까지 착용한 병사로부터 저지를 당했다. 자전거를 끌고는 광장 출입이 안 된다는 것이다. 어쩔 수 없이 광장 앞에서 기념사진 한 장만 찍게 해달라고 부탁을 하고는 허락을 받았다. 여정도 마무리 단계로 접어든 지금, 그 어떤 문제도 원치 않는다. 그저 조용히 여정을 끝마치고 싶다.

베이징 시내 지도를 펼쳤다. 시안을 떠나면서, 유학 중인 유럽 친구들과 베이징에서의 재회를 약속했었다. 숙소로 약속한 베이징 사범대학 유학생 기숙사를 찾았다. 이미 두 친구는 나보다 하루 먼저 도착해서 기다리고 있고, 한 친구는 오늘 중엔 도착한다는 소식이다. 시안의 역전의 용사들이 또다시 모이게 된 것이다. 역시! 좋은 친구들이다. 친구는 언제 어디서 다시 만나도 반가운 존재다. 그래서 '친우朋友'라는 단어를 붙였으리라!

우선 톈진天津에서 인천으로 가는 배편을 예약해야 한다. 대학 안에 있는 여행사를 통해, 5월 16일 오전에 출항하는 여객선에 자리를 예약했다. 대학 여행사라 학생 할인 가격이다. 역시 대학은 장점이 많은 곳이구나라는 생각이 든다. 이번 베이징에서는 동경 유학 시절 함께 공부했던, 몇몇 중국 친구들도 만나보아야 하기에 시간적 여유가 없다. 지난번 여행 때, 시내에 있는 쯔진청紫禁省과 베이징 근교에 있는 만리장성을 비롯한 명승지들은 대부분 둘러보았었다.

북한 통과가 허락이 되지 않을 경우를 생각하여, 산둥성山東省에 있는 칭다오靑島가 아닌 북쪽 베이징을 거쳐 톈진항天津港으로의 루트를 계획했던 것은, 유학 시절 동고동락했던 중국 친구들을 다시 한 번 만나보고 싶었기 때문이었다. 친구들과는 시안에서 연락을 해두었다. 새로운 인연들과의 만남도 좋지만 옛 친우들을 만나 시간을 함께 하는 것은 아늑해서 좋다. 한 개인이 길지 않은 한 생을 살아가면서, 그다지 많은 친구들과 인연을 맺지는 않으리라 생각된다. 인연의 폭을 넓히기보다는 인연의 깊이를 추구하고 싶다. 좋은 친구와 좋은 술은, 오래되면 오래될수록 향이 좋다고 했다. 좋은 친구란, 늘 가슴 한 곳에 자리하여 생각할 때마다 마음이 푸근해진다. 내 삶의 흔적과도 같은 그런 존재들이다.

짧은 베이징에서의 시간들을 뒤로하고 떠나야 한다. 어느 곳에서나 시간이 짧게 느껴진다. 그것은 좋은 인연들이 그곳에 함께하기 때문이다. 그러나 이번 여정은 더 이상 늦출 수가 없다. 다음을 기약해야 한다. 머물고 싶고, 또 붙잡는 곳에 마음껏 머물면서 여정을 한다면 금생이 다 모자르리라. 시안에서 밤 열차를 타고 1,000킬로미터를 넘는 곳까지 달려온 인연들, 7년 만에 다시 만난 친구들! 우리에겐 최소한, 다음을 기약할 만큼의 마음의 여유와 우정이 있다.

베이징을 출발하여 이틀째 저녁 무렵, 텐진을 거쳐 항구가 있는 탕구塘沽에 도착했다. 작은 항구 마을이라는 지난 인상과는 달리, 중소도시 규모로 성장해 있다. 이 밤이 중국 대륙에서의 마지막 밤이라 생각하니, 뭔가 생각이 많아진다. 새벽녘 잠을 못 이루고 있는데 창문에 빗줄기가 자리하기 시작한다. 떠나보내는 입장 치고는 조금 가혹하다. 떠나가는 객客 앞에서 눈물을 보이다니…… 밤이니 모르리라 생각했던 것일까? 눈물이란 한 번 흘리면 끝이 없다던데…….

짜이지엔!

5월 16일 중국을 떠나는 아침, 어깨를 적실 만큼의 이슬비가 이어지고 있다. 떠남에 특별한 감회라고는 없다. 머지않아 다시 찾을 곳이다. 국제선 여객 터미널은 의외로 한산한 분위기다. 거의가 한국 사람들이고, 배낭을 멘 몇 명의 젊은 외국 여행자가 사람들 속에서

중국 톈진항을 떠나는 선상에서

출국 수속을 기다리고 있는 모습이다. 출항 한 시간 전인 10시에 출국 수속이 시작됐다. 아무런 짐 검사도 질문도 없이, 내 여권만 뒤적거리다간 출국 도장을 찍어주고는 "짜이지엔再見!" 이란 인사를 건넸다. '안녕!' 이란 말보다, '다시 만나자!' 는 의미로 해석하고 싶다. 자전거로 정박해 있는 여객선까지 이동을 하여 자전거를 들쳐 메고는 여객선에 승선했다.

  가장 싼 티켓이라 객실은 기대도 하지 않았었건만, 배정을 받고 보니 캡슐형 침대 이층에 커튼까지 달려 있다. 짐을 두고는 갑판으로 올라갔다. 아침까지 내리던 이슬비는 그쳤지만, 내 눈앞에 펼쳐진 중국 대륙은 그저 회색 하늘 아래 우울함 속에 젖어 있다. 오전 11시 정각, 서서히 배는 움직이기 시작한다. 이제는 내가 대륙을 향해 인사를 해야 한다. 짜이지엔!

  갑판을 내려오는 길에, 2미터는 되어 보이는 사십 대 중반으로 보이는 외국 여행자와 눈이 마주쳤다. 출국 수속 때, 그 큰 키 때문에 눈에 띄었었다. 여행 중이라면 먼저 얘기라도 걸었겠지만, 배 위에선 혼자 생각하는 시간을 가질까 하고 주변 사람들과 대화를 나누지 않았다. 눈이 마주친 이상, 목례 정도는 하는 게 예의다. 상대도 이쪽이 자전거 장기 여행자임을 알아채고 같은 여행자라 여기고 쳐다본 것이다. 커피 한 잔하지 않겠냐는 것이다. "오케이"를 하고 커피 자동판매기 앞에 서자, 한국어로 표기되어 있는 게 아닌가. 혹시 컵라면이라도 사 먹을까 해서 보니 얼마 남겨둔 중국 인민폐가 몇 십 원 있을 뿐 달러도 한국 돈도 없다. 그러자 이 친구가 한국 돈 1,000원짜리 한 장을 지갑에서 꺼내더니 마시고 싶은 것을 선택하란다.

캐나다 출신인 중년의 친구는 경주에 있는 대학의 영어강사로 있는데, 얼마간 중국과 몽몰 여행을 하고 한국으로 돌아가는 길이란다. 터미널에서 처음 보았을 때 독일 사람인가 했는데, 건네주는 명함을 보니 과연 독일식 이름이었다. 독일식으로 이름을 발음하자, 그때서야 선조들이 독일에서 캐나다로 이민을 했다고 한다. 아시아 사람들도 출신 나라에 따라 사람의 생김새가 달라 보이지만, 이 점은 유럽 사람들도 마찬가지다. 그 나라와 민족 특유의 뭔가가 몸에 배어서 보는 순간 피부로 느껴진다.

이런저런 대화를 나누다 보니, 벌써 저녁 식사 시간이다. 승무원에게 중국 돈으로 지불이 가능하냐고 물어보자 가능하다고 한다. 한국 여객선으로 음식도 한국 음식이다. 중국에 들어와서, 아니 중국과 한국 간의 공해公海 상에서 처음 대하는 한국 음식이다. 꼭 4개월 만에 먹어본다. 중앙아시아와 이스탄불에서는 그나마 한국 음식을 먹을 수 있었다.

'아! 지금 내가 한국으로 가는 배를 탔구나!' 라는 실감이 저절로 느껴지는 순간이다. 이번 1년간, 육로로 이동하는 동안 몇 십 개 나라를 거쳤는지, 얼마나 많은 도시를 지나왔는지 생각해 본 적이 없다. 그저, 다음 여행지인 나라로 가기 위해 국경을 넘어왔다. 그러나 지금은 다음 여행지 나라로가 아닌, 여정의 종착지인 한국으로 가고 있는 것이다. 다름 아닌 한국 음식을 앞에 두고, 내 자신이 한국으로 가는 배 위에 있다는 것을 새삼 깨우친 것이다. 캐나다 친구와는 식사를 함께하고는 각자 얼마간 휴식을 취하기로 했다.

 침대로 와서 누웠다. 그래, 여정이 끝나가는구나. 한국에서 기다리는 인연들이, 인천과 서울 남대문으로 마중을 나오겠다는 것도 사양했다. 조용히 여정을 마무리하고 싶다. 번거로움이 싫다. 나의 긴 여정이 한순간 번쩍하는 카메라 불빛으로 끝맺음을 하고 싶지가 않다. 그리고 계획된 이번 여정이야 끝나지만, 길을 재촉하는 내 발걸음이 끝나는 것은 아니다. 이어지는 인생이란 여정의 연속선에 매듭의 선을 긋고 싶지 않다. 이번의 1년이라는 여정도 지금까지 이어져 온 내 여정의 연속일 뿐, 앞으로 계속될 여정을 잇는 한 점일 뿐이다. 한국에 도착해서도, 이번 여정이 정리되는 순간까지는 산사山寺에서 조용히 정리 작업을 하고 싶다.

 인기척에 커튼을 열어보니 캐나다 친구다. 커피 한 잔 하잔다. 그의 손에는 식후에 마시는 브랜디까지 한 병 들려 있다. 우리는 밤바다가 바라다보이는 소파에 앉아선, 조금 전까지 했던 대화를 이어갔다. 외국 생활이 20년이 넘는 그와의 대화는 조용히 밤의 깊음 속으로 이어져 갔다.

 새벽 2시, 선실이 모두 어둠의 바다 속으로 빠져 갔을 때쯤 우리는 자리를 떴다. 짐을 옮기는 부산함에 눈을 떠보니 아직 오전이다. 입항까지는 아직도 몇 시간 남았지만 갑판으로 향했다. 어느덧 서해안 섬들이 여기저기에 보이고 있다. 한국 영해에 접어들었다. 7년 전 여름, 중국 여행을 마치고 돌아오는 길에 바라보았던 섬들이다. 5월의 푸근한 바닷바람 속에, 감회가 새롭게 다가온다. 다시 침대로 돌아와 누웠다. 입항에 내가 할 일은 없다. 오후 2시 30분, 배가 인천항에 입항했으니 하선 준비를 하란다. 입국 수속을 끝내고 터미널 건물 밖으로 나오자, 몇몇의 마중 나온 사람들이 일가친척들을 기다리고 있을 뿐 한산한 분위기다.

하늘가에 내리는 보슬비가 마중 나오겠다던 한국 인연들을 대신하여 나를 반기고 있다. 오랜 기다림이 기쁨의 눈물이 되어 저렇게 소리 없이 내 어깨를 적시며 감싸 안는 것이리라. 아직도 정처 없이 떠돌아야만 하는 중생이건만, 잠시 들리는 고국인 어머니의 땅 한국과의 인연이 새삼 뭉클하게 다가오는 순간이다. 꿈속에서도 찾아오던 한국. 5만 리의 긴 여정을 끝내고, 이 땅에 다시 선 내가 나 자신을 바라보고 있다.

5월 17일 오후 3시 정각, 이번 여정의 마지막 나라 한국에 도착했다. 캐나다 친구와는 메일 주소를 교환하고, 그가 있는 경주에 한 번 들르기로 하고는 헤어졌다. 인천항은 이전에 두어 번 이용한 적이 있다. 인천항에서 가까운 동인천역 앞으로 걷기 시작했다. 거의 4년 만에 다시 찾은 한국. 지난번 한국 방문도 꼭 4년 만이었다. 오랜 유학 생활로 인해 강산이 한 번 하고도 반 이상이나 변한 세월이, 나와 한국 사이에 자리한다. 급변한 한국이 조금은 서먹서먹하다. 동인천역 앞 조그만 여인숙에 짐을 풀었다. 한국에서의 첫날밤이다. 서두를 게 없다. 만사에는 시절 인연이란 게 있다. 서울 남대문까지는 약 45킬로미터 거리, 반나절이면 된다.

 에필로그

    2002년 5월 19일 아침, 음력 사월 초파일 부처님 오신 날. 서울 입성. 꼭 1년 전 2001년 5월 1일 부처님 오신 날 아침에, 함부르크의 내 작은 방을 나와 유라시아 대륙 횡단 여정을 출발했었다.
    오늘이 이번 여정을 회향하는 날이다. 굳이 말이 통하는 내 나라이기에 도로 지도를 구입하지 않았다. 지나가는 택시 운전사에게 서울까지의 국도를 물어보자, 직선으로 달리면 된단다. 인천과 부천 사이에 조금의 경사길이 이어지지만 자전거를 밀고 올라갈 정도는 아니다. 부천과 서울 경계선에 있는 성공회 대학 입구 길목에서 잠시 휴식이다. 머리 위에서 떨어지는 하얀 꽃잎 때문에 위를 바라보니, 커다란 아카시아가 살랑이는 바람결에 꽃잎을 떨어뜨리고 있다.
    아기 부처님이 오신 날에 하늘이 꽃비를 내리며 기뻐하고 있다. 바람결이 향기롭다. 택시 운전사 말 그대로 일직선 도로다. 휴일이라 서울 시내의 교통량은 그다지 많지 않다. 여의도를 지나 마포대교를 거쳐 오후 2시 정각, 일명 남대문으로 불리는 숭례문 앞에 도착했다. 다시 보는 숭례문은 아담하고 포근한 느낌이다.
    서울역 앞 여인숙에 짐을 옮기고는 곧바로 북한산 자락에 위치한 화계사華溪寺를 찾았다. 부처님께 긴 여정의 회향을 보고드리고는 '어여쁜 달마를 찾아서 떠난 자전거로의 유라시아 대륙 횡단' 여정을 끝마치는 순간이다.

 작가 후기

　먼저, 문학적 감성의 가시밭길과도 같은 짧지 않은 내 문장의 사막을 여행해 온, 독자들께 감사를 드린다. 그렇다. 내 자신 한국어 문장에 관해서는 장애인이다. 강산이 한 번 하고도 반이나 변한 세월간 계속된 외국 유학 생활 동안, 단 몇 통의 한글 편지를 써본 것 이외엔 한글로 된 전공 서적은 물론 소설 한 권 읽어본 적이 없다. 하지만 내 개인의 인생에서, 한국어 장애는 그렇게 중요한 문제는 아니었다. 그러나 내가 내 소리를 내고자, 아니 내지 않고는 질식할 것만 같은 시기에 접어들었기에, 나는 나의 한국어 장애에 안주하고만 있을 수가 없었다.
　한국인으로서 한국어 장애를 벗기 위한 나의 노력은, 6년 전 독일 함부르크로 가면서부터 시작된 것이다. 대륙 횡단을 하고 산맥과 사막을 걷는 여행은, 나에게 있어선 일종의 생활과 같은 극히 일반적인 일이다. 이번 여행 중에 가장 힘들었던 것은 끝없는 사막 속의 횡단도 영하 30도를 오르내리는 톈산산맥 종주도 아닌, 내 마음의 작은 소리들을 여행기 연재를 위해 원고로 쓰는 작업이었음은 두말하면 잔소리가 된다. 한 발 한 발 헤아릴 수 없이 거듭되는 자전거 페달 밟기와 같이, 한 단어 한 단어를 엮는 피를 말리는 작업 속에 여행기 연재를 1년 동안 74회를 거듭했다. 연재를 읽어주는 독자들과의 약속이 없었다면, 내 자신과의 약속인 이번 여정은 아마도 어느 곳에선가 중단되었으리라. 그러나 그 먼 길을 달려왔다. 그것은 얼굴 한 번 보지 못한 인연들인, 독자들이 있었기 때문에 가능했던 일이다. 내 자신을 끝없는 황야 위에서 깨어 있을 수 있게 해준, 독자들께 진심으로 감사드린다.

덕분에, 자전거로의 유라시아 대륙 횡단 여행도 내 가슴속에 담을 수 있을 만큼 의미 있는 여행이 되었고, 내 자신 조금이나마 모국어 장애에서 벗어날 수 있는 기회가 되었다. 나는 이로써 만족한다. 20년 가까이 대학에서 고전 철학만을 해온 사람의 문장에서, 감미롭고 감성적인 문장을 기대하고자 하는 것은 독자들의 욕심이다. 아직도 완전히 모국어 장애를 벗어나지 못한 나에게는, 힘든 주문이 아닐 수 없다. 이 책자를 접하는 독자들께 두세 번 읽어주십사고, 나는 감히 부탁드린다. 사막의 모래알을 씹는 듯한 문장 맛이겠지만, 길을 추구하는 한 인간이 부르짖는 작은 목소리인 것이기에, 독자들의 넓은 이해를 바라면서.

이 여행기는 현대불교신문사 인터넷 붓다뉴스(http://www.buddhanews.com)에 1년간(2001년 5월~2002년 5월) 연재했다. 이후 독일 교포 신문의 지면을 통해 2년 반에 걸친 재연재가 끝나는 시점에서 주변 분들로부터 출판 권유를 받고 사색 부분을 중심으로 재편집을 한 것이다. 지면을 할애하여 시종일관 수고를 대신해 주신 현대불교신문사 붓다뉴스 임연태 기자님, 강지연 기자님께 감사의 뜻을 전한다. 그리고 여정 중에 만난 많은 인연들과 여행의 시작부터 끝까지 좋은 회향을 기원해 준 함부르크 대학 동료 학형 여러분, 끝없는 성원으로 여정에 동참하여 주신 후원회, 연재 독자 여러분들께 이 자리를 빌려 다시 한 번 진심으로 고마움을 드린다.

아울러 1년이란 시간 동안 한 팀이 되어, 여정을 달리는 자전거 두 바퀴와 체인이 되어 한국과 독일에서 계속적인 지원을 아끼지 않으신 김상용 교수님(연세대 법학과), 송기창(여행가), 서영상(독문학 박사), 김지환(맥주 제조 마이스터) 학형들께 이번 여정의 성공을 돌린다.

끝으로 출판을 위한 원고 정리에 수고를 다해 주신 한성출판기획 정희숙 님과 출판이 되기까지 정성을 쏟아주신 민음사 편집부께 감사의 말씀을 드린다.

2006년 초 아프리카 대륙 자전거 종단 여정 중 赤道에서

行昌 합장.

행창 스님의
유라시아 대륙
자전거 횡단기

1판 1쇄 찍음 2006년 2월 20일
1판 1쇄 펴냄 2006년 2월 25일

지은이 | 행창
기획 | 한성출판기획(www.ibook4u.co.kr)
편집인 | 박상순
발행인 | 박맹호, 박근섭
펴낸곳 | (주) 민음사

출판등록 1966. 5. 19. 제16-490호
서울 강남구 신사동 506번지 강남출판문화센터 5층 (135-887)
대표전화 515-2000 팩시밀리 515-2007

www.minumsa.com

값 9,000원

ⓒ 행창, 2006. Printed in Seoul, Korea

ISBN 89-374-2559-9 (03980)